谨以此书献给我的老师顾随先生

河北大学出版社
HEBEI UNIVERSITY PRESS

我的老师顾随先生

叶嘉莹◎著

图书在版编目（CIP）数据

我的老师顾随先生 / 叶嘉莹著．-- 保定 ：河北大学出版社，2017.5（2017.12重印，2019.8重印）
ISBN 978-7-5666-1163-5

Ⅰ．①我… Ⅱ．①叶… Ⅲ．①顾随（1897-1960）-纪念文集 Ⅳ．①K825.6-53

中国版本图书馆CIP数据核字(2017)第065590号

我的老师顾随先生 WO DE LAOSHI GUSUI XIANSHENG

叶嘉莹　著

出 版 人　耿金龙
选题策划　何　东
顾　　问　张　静
责任编辑　何　东　赵彩霞
特约编辑　赵林涛
责任印制　靳云飞
装帧设计　傳新BOOKS DESIGN

出版发行　河北大学出版社
（保定市莲池区七一东路2666号　071000　www.hbdxcbs.com）
印　　制　河北新华第一印刷有限责任公司
版　　次　2017年5月第1版
印　　次　2019年8月第3次
开　　本　889mm×1194mm　1/32
字　　数　120千字
印　　张　6.75
书　　号　ISBN 978-7-5666-1163-5
定　　价　45.00元

目　录

第一章　求学时代

第二章　感念师恩

第三章　薪火相传

第四章　解读赏析

第一章　求学时代

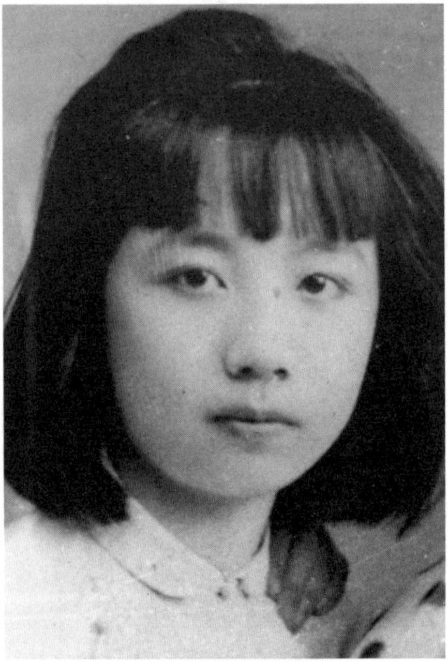

学生时代的叶嘉莹

我一生从事于古典诗词之研读与教学的工作，如果说我在这方面也还稍有成绩的话，那我最该感激的有两位长辈，一位是在我幼年时教我诵读唐诗的我的伯父狷卿公，另一位就是在我进入大学后，担任我们诗词曲诸科之讲授的我的老师顾羡季先生。伯父的引领，培养了我对诗词读诵与写作的能力和兴趣；羡季先生的讲授，则开拓和提高了我对诗词之评赏与分析的眼光和境界。先生对诗词的感受之锐，体会之深，其灵思睿智，就我平生阅读交往之所接触者而言，实更无一人可相伦比。

顾随，20世纪30年代前期摄于北平

我之从先生受业

我之从先生受业，盖开始于1942年之秋季，当时甫升入辅大中文系二年级，先生来担任唐宋诗一课之教学。先生对于诗歌具有极敏锐之感受与极深刻之理解，更加之先生又兼有中国古典与西方文学两方面之学识及修养，所以先生之讲课往往旁征博引兴会淋漓，触绪发挥皆具妙义，可以予听者极深之感受与启迪。我自己虽自幼即在家中诵读古典诗歌，然而却从来未曾聆听过像先生这样生动而深入的讲解，因此自上过先生之课以后，恍如一只被困在暗室之内的飞蝇，蓦见门窗之开启，始脱然得睹明朗之天光，辨万物之形态。于是自此以后，凡先生所开授之课程，我都无不选修，甚至在毕业以后，我已经在中学任教之时，仍经常赶往辅大及中国大学旁听先生之课程。如此直至1948年春我离北平南下结婚时为止，在此一段期间内，我从先生所获得的启发、勉励和教导是述说不尽的。

一般说来，先生对我之习作改动的地方并不多，但即使只是一二字的更易，却往往可以给我极大的启发。先生对遣词用字的感受之敏锐、辨析之精微，可以说对学习写作任何体式之文的学人，都有极大的助益。因此我现在乃想不避我当年习作的幼稚浅薄之讥，略举一二例证，以做说明。

顾随，1941年初冬摄于碾儿胡同寓所

第一首题为《小紫菊》，原诗写的是：

阶前瘦影映柴扉，过尽征鸿晚露稀。
淡点秋妆无那恨，斜阳闲看蝶双飞。

第二首题为《闻蟋蟀》，原诗是：

月满西楼霜满天，故都摇落绝堪怜。
烦君此日频相警，一片商声上四弦。

第三首题为《秋蝶》，原诗是：

几度惊飞欲起难，晚风翻怯舞衣单。
三秋一觉庄生梦，满地新霜月色寒。

第一首诗，先生为我改了两个字，那就是把第二句的“晚露稀”，改成了“露渐稀”，把第三句的“淡点秋妆”，改成了“淡淡秋妆”；第二首诗，先生为我改了一个字，那就是把末一句的“上四弦”，改成了“入四弦”；第三首诗，先生也为我改了一个字，那就是把末一句的“月色寒”改成了“月乍寒”。关于后两首的改动，先生都曾写有旁批或眉批加以说明。第二首的末句旁有评语说“‘商声上’三字双声，似不上口，‘上’字不如改作‘入’字为

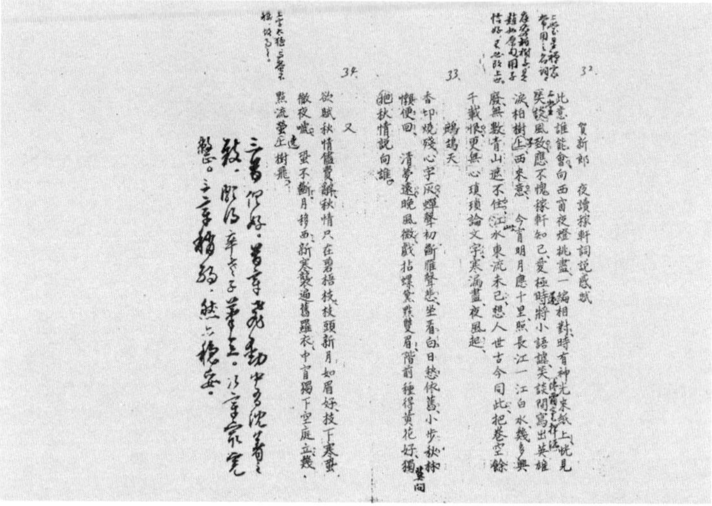

32. 賀新郎 夜讀稼軒詞說感賦

比意誰能會，向西窗夜燈挑盡，一編相對。時有神光來紙上，恍見英雄淚。笑談風致。應不愧稼軒知己，愛極時將小語譏笑，談閒寫出英雄淚。柏樹上西來意。今宵明月應千里，照長江一江白水，幾多興廢。無數青山遮不住，江水東流未已。想人世古今同此。把卷空餘千載恨，更無心瑣瑣論文字。寒漏盡，夜風起。

33. 鷓鴣天

香印燒殘心字灰，蟬聲初斷雁聲悲。坐看白日愁依舊，小步秋林懶便回。清夢遠，晚風微。戲拈螺黛點雙眉。階前種得黃花好，獨把秋情說向誰。

34. 又

欲賦秋情儘費辭。秋情只在碧梧枝。枝頭新月如眉好，枝下寒蛩徹夜嘶。蛩不斷，月移西。新寒襲遍舊羅衣。中宵獨下空庭立，幾點流螢匹樹飛。

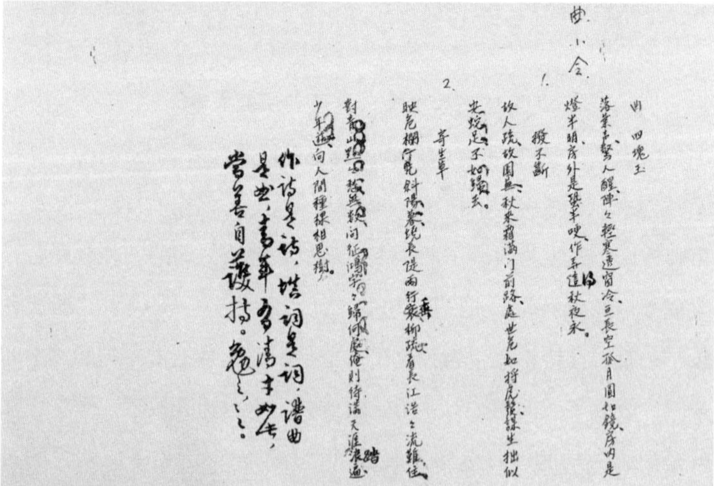

曲 小令

1. 四塊玉

落葉聲，驚人醒。陣陣輕寒透窗冷。三更長空孤月圓如鏡。房內是燈半明，房外是螢半暝，作弄這秋夜永。

撥不斷

故人疏，故園無。秋來霜滿門前路。處世危如將虎須，謀生拙似老蟒足，不如歸去。

2. 寄生草

映危欄行，見斜陽暮。繞長堤兩行衰柳疏，看長江浩浩流難住。對青山點點愁無數，問征鴻字字歸何處。俺則待滿天涯浪遍踏少年遊，向人間種棵相思樹。

作詩是詩，填詞是詞，譜曲是曲，青年有清才如此，當善自護持。勉之，勉之。

顾随批改叶嘉莹习作

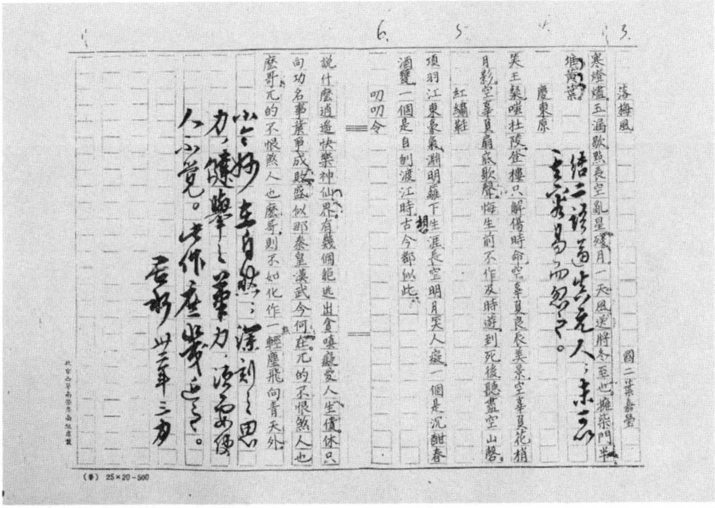

落梅風　國二　葉嘉瑩

寒燈燼，玉漏歇，點長空亂星殘月。一天風送將冬至也，擁柴門半堆黃葉。

慶東原

笑王粲，嗟杜陵，登樓只解傷時命。空辜負良辰美景，空辜負花梢月影，空辜負扇底歌聲。悔生前不作及時遊，到死後聽盡空山磬。

紅繡鞋

項羽江東豪氣，淵明籬下生涯，長空明月笑人癡。一個是沉酣春酒甕，一個是自刎渡江時。古今都似此。

叨叨令

說什麼逍遙快樂神仙界，有幾個能逃出貪嗔癡愛人生債。休只向功名事業爭成敗，盛似那秦皇漢武今何在。兀的不恨煞人也麼哥，兀的不恨煞人也麼哥，則不如化作一輕塵飛向青天外。

顾随批改叶嘉莹习作

佳”。第三首末句的上端则写有眉批说“‘色’字稍哑，‘乍’字似较响也”。关于第一首诗所改动的两个字，先生则未加说明。以我个人的推测，我想先生之把“晚露稀”改成了“露渐稀”，可能一则因为一般人说到“露”总是说“朝露”，而我竟用了“晚露”的字样，未免显得不妥；其二则“露渐稀”中所用的“渐”字可以予人一种时间之推移消逝的感觉，与前面的“过尽征鸿”一句中的“过尽”二字所表现的时间消逝之感正可以互相呼应而使此种感受更为加强，这大概是先生将此句之“晚露稀”改成为“露渐稀”的主要缘故，至于“淡点秋妆”之改为“淡淡秋妆”，则可能是因为后者显得更为轻灵自然的缘故。

1943年与顾随（前坐者）及部分同学在顾宅合影，后排右二为叶嘉莹

除去先生对我的习作之批改曾经给予我极大的启发以外，我当时习作的风格，也曾受有先生之影响。记得先生有一次在课堂上曾举引雪莱（Shelley）之《西风颂》（*Ode to the West Wind*）中的“假如冬天来了，春天还会远吗”（If winter comes，can spring be far behind）的诗意，以中文写了“耐他风雪耐他寒，纵寒已是春寒了”两句词。于是我就用这两句凑成了一阕《踏莎行》，并且写了一行“小序”，说“用羡季师句，试勉学其作风，苦未能似”，我写的词如下：

烛短宵长，月明人悄。梦回何事萦怀抱。撇开烦恼即欢娱，世人偏道欢娱少。　　软语叮咛，阶前细草。落梅花信今年早。耐他风雪耐他寒，纵寒已是春寒了。

先生担任我们的“唐宋诗”课程时，既正值北平为日军所占领之时，我想先生之所以在讲课时拈举出雪莱的诗句，并将之改写为中文词句，其中自也暗含有与同学们互相慰勉之意，则我在《踏莎行》中之所敷演者，与先生之原意，或者也还不甚相远；再则先生早年为词，颇喜用富于思致的诗句，我的这首小词既有意模仿先生的作风，所以就也写了些颇用思致的语句。先生阅后，曾给我写了一句评语，说“此阕大似《味辛词》”。“味辛”就是先生早年的一册词集。

除去我受先生之影响和模仿其风格以外，先生有时也与我互相唱和。记得是1944年的秋天，我曾先后写了六首七言律诗。第一首诗的题目是《摇落》，原诗是：

高柳鸣蝉怨未休，倏惊摇落动新愁。
云凝墨色仍将雨，树有商声已是秋。
三径草荒元亮宅，十年身寄仲宣楼。
征鸿岁岁无消息，肠断江河日夜流。

写了这首诗以后不久，我又写了题为《晚秋杂诗》的一组五首七律，原诗是：

鸿雁来时露已寒，长林摇落叶声干。
事非可忏佛休佞，人到工愁酒不欢。
好梦尽随流水去，新诗唯与故人看。
平生多少相思意，谱入秋弦只浪弹。

西风又入碧梧枝，如此生涯久不支。
情绪已同秋索寞，锦书常与雁参差。
心花开落谁能见，诗句吟成自费辞。
睡起中宵牵绣幌，一庭霜月柳如丝。

深秋落叶满荒城，四野萧条不可听。

篱下寒花新有约，陇头流水旧关情。
惊涛难化心成石，闭户真堪隐作名。
收拾闲愁应未尽，坐调弦柱到三更。

年年樽酒负重阳，山水登临敢自伤。
斜日尚能怜败草，高原真悔植空桑。
风来尽扫梧桐叶，燕去空余玳瑁梁。
金缕歌残懒回首，不知身是在他乡。

花飞无奈水西东，廊静时闻叶转风。
凉月看从霜后白，金天喜有雁来红。
学禅未必堪投老，为赋何能抵送穷。
二十年间惆怅事，半随秋思入寒空。

以上六首诗是我在1944年秋天写的。那一年我实岁是十九岁，虚岁是二十岁，诗中举成数而言，故曰“二十年间惆怅事”。自1942年我从先生受业以来，到1944年已有两年之久。在这期间，我既因聆听先生的讲授而对诗词的评赏有了较深的体认，更因先生不断的启发和鼓励，在创作方面也有了逐渐的进步和提高。这次交上的这六首诗，先生发还回来时对我的原诗不仅一字未改，而且还附下了六首和诗，先生的诗题是《晚秋杂诗六首用叶子嘉莹韵》。先生的和诗是：

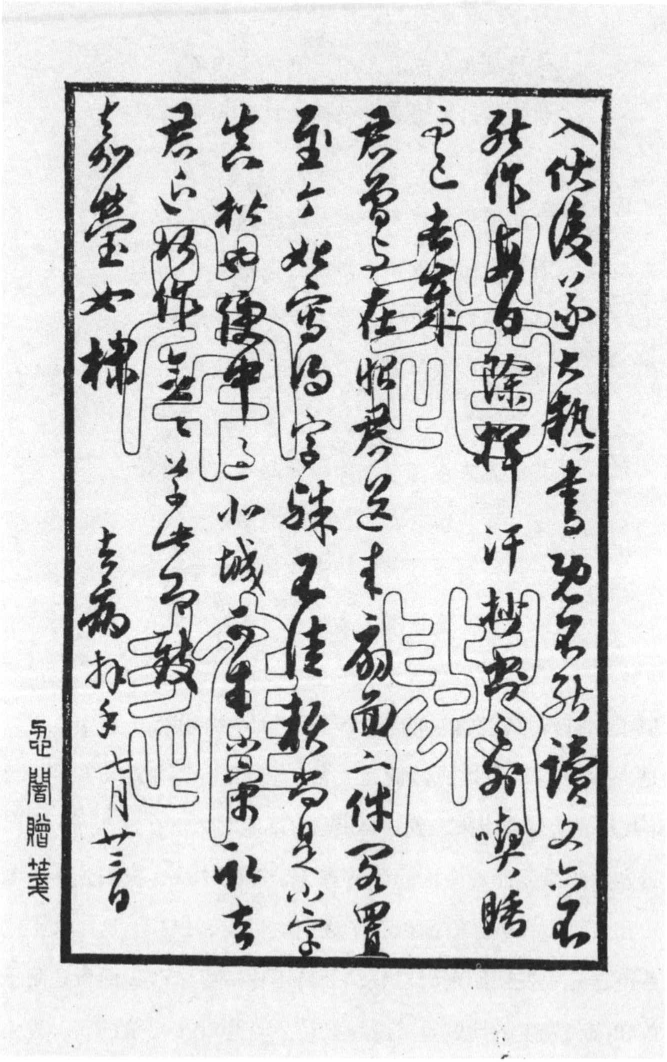

顾随致叶嘉莹书

倚竹凭教两袖寒，何须月照泪痕干。
碧云西岭非迟暮，黄菊东篱是古欢。
淡扫严妆成自笑，臂弓腰箭与谁看。
琵琶一曲荒江上，好是低眉信手弹。

巢苇鷦鷯借一枝，鱼游沸釜已难支。
欲将凡圣分迷悟，底事彭殇漫等差。
辛苦半生终不悔，饥寒叔世更何辞。
自嘲自许谁能会，携妇将雏鬓有丝。

青山隐隐隔高城，一片秋声起坐听。
寒雨初醒鸡塞梦，西风又动玉关情。
眼前哀乐非难遣，心底悲欢不可名。
小鼎篆香烟直上，空堂无寐到深更。

旧殿嵯峨向夕阳，高槐落叶总堪伤。
十年古市非生计，五亩荒村拟树桑。
故国魂飞随断雁，高楼燕去剩空梁。
抱穷独醒已成惯，不信消愁须醉乡。

一片西飞一片东，萧萧落叶逐长风。

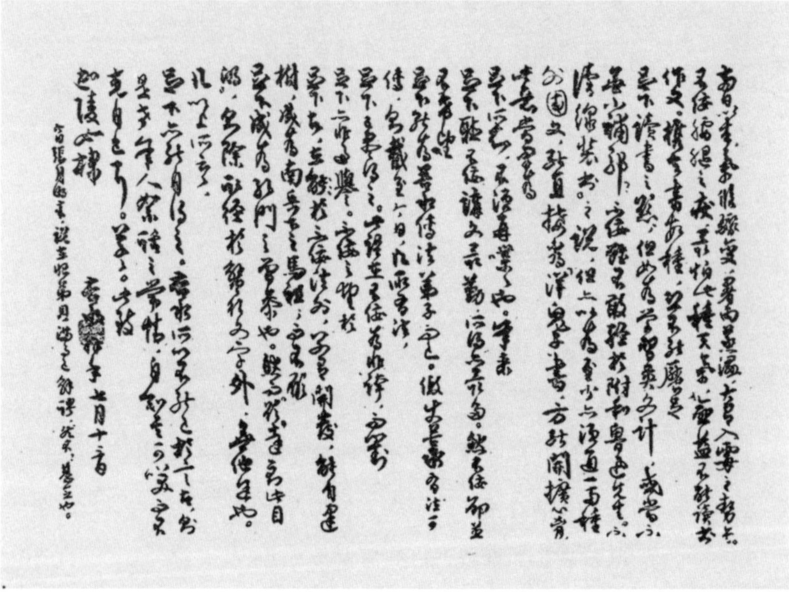

顾随致叶嘉莹书

楼前高柳伤心碧，天外残阳称意红。
陶令何曾为酒困，步兵正好哭途穷。
独下荒庭良久立，青星点点嵌青空。

莫笑穷愁吟不休，诗人自古抱穷愁。
车前尘起今何世，雁背霜高正九秋。
放眼青山黄叶路，极天绝塞夕阳楼。
少陵感喟真千古，我亦凭轩涕泗流。

当我读到先生的六首和诗时，时节已经进入了冬季，于是不久我就又写了六首诗，题目是：《羡季师和诗六章，用〈晚秋杂诗〉五首及〈摇落〉一首韵，辞意深美，自愧无能奉酬。无何既入深冬，岁暮天寒，载途风雪，因再为长句六章，仍叠前韵》。当我把这六首和诗再呈交给先生以后，不久，先生发还时，就又附了六首和诗。不过，本文原只是想透过自己当年一些幼稚的习作，来追怀先生对我的爱勉和教诲，目的并不在记录一些诗作，因此对这些叠韵和诗，就不再一一抄录了。

除去诗词的习作以外，我在从先生受业期间，也曾写过令曲、套曲等作品多篇。记得当我初次把习作的曲子呈交给先生后，先生发还时曾写有一行评语，说“作诗是诗，填词是词，谱曲是曲，青年有清才如此，当善自护持”。盖先生对学生之教诲，总是常以鼓励为主，即使对学生之习作有所更改，也常是

1948年4月，顾随与中文系教师启功（左一）、柴德赓（右二）、葛信益（右一）等在辅仁大学校园合影

只把原作的字句用毛笔在外面画一个圈子，而并不用毛笔把原作字句抹去，同时批改的说明也多用“似”字、“稍”字等商略之口吻。如此则一方面既促进了学生的反省和思索，也增加了学生的信心和勇气。何况先生更随时会把他自己新作的诗稿、词稿和曲稿抄录给我们看，如此自然就更引起了学生创作的兴趣。记得当先生选取《聊斋》中《连琐》一则故事，欲改写为杂剧时，对于以悲剧结尾或以团圆剧结尾，曾久久不能决定。有一次我与同班一位要好的女同学一起去拜望先生，先生还曾向我们征询意见，我们当时实不能赞一辞。及至最后，先生终以团圆剧结尾，我读了先生全剧后，认为先生之如此结尾，实有其极深刻的取意。……而先生对杂剧之创作以及对于死生之际的悲剧与团圆剧的思量和考虑，也引起了我对于创作杂剧的兴趣以及对于生死的反思。

我虽然早就在家庭长辈的熏陶下学会了作诗、填词、谱曲，可是是顾先生打开了我的眼界，使我在读古人作品的时候，开始有了一个比较高的眼界，能够分辨什么是好诗，什么是坏诗。我觉得自己本来像一只苍蝇，关在屋子里边，东撞一头，西撞一头，等到忽然间有一天开了一扇天窗，我一下飞出去了，看到天光云影的高远美丽，那是顾先生为我打开的这一扇窗，所以我对老师是特别感念的。我听了顾先生的课以后，就不仅听他诗选的课，也同时听他很多别的课。当时顾先生在辅仁大学只教诗选、曲选，另外他在中国大学也教词选的课，所以我就骑自行车赶到那边去听词选的课。

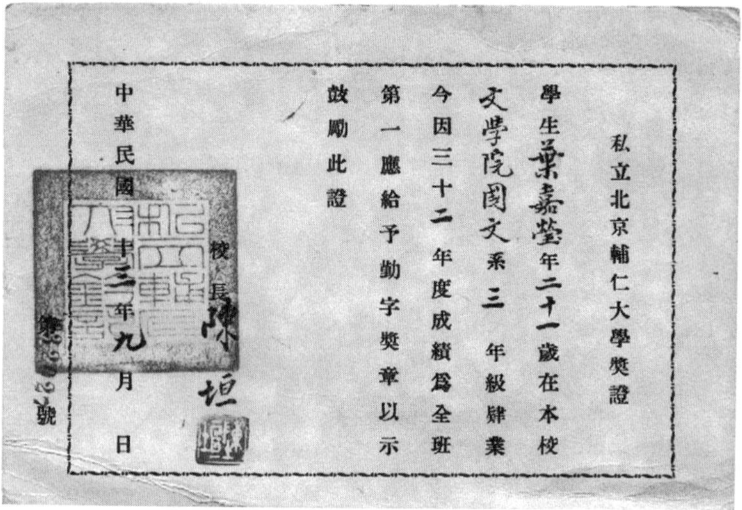

私立北京輔仁大學獎證

學生葉嘉瑩年二十一歲在本校

文學院國文系三年級肄業

今因三十二年度成績爲全班

第一應給予勤字獎章以示

鼓勵此證

校長陳垣

中華民國卅三年九月日

第[illegible]號

辅仁大学奖证

一两年后，老师发现我什么课都听了，就不想重复讲同样的内容，所以他后来就常常开新的课，比如《论语》《中庸》，还有陆机的《文赋》。而我听老师讲课，则总是心追手写，记很详细的笔记，所以我的笔记也记了很多，大概有十本笔记本，另外活页的笔记则不计其数，那都是我七十年前的旧笔记了。后来经过多少流离迁徙，我把它们一直带在我的身边，因为我当时心里有一个想法，我觉得我的书籍、衣物都是不重要的，那些东西丢了以后还可以再买回来，只有老师这十几本笔记，我知道世界上再也没有这样的笔记了。顾先生讲课，虽然听讲的同学很多，但是同在一个课室里听讲，每个人所得的多少是完全不同的。何况老师没有固定的课本和讲义，他上课时随说随写，常常只在黑板上写几句重要的话，而就是这样的讲授，很多同学并不记录，为什么不记录呢？一个原因，因为顾先生讲课常常引一些古人的诗词，如果对于古诗词不能熟读记诵，就没有办法记下来。还有老师写字常常有一些行草的书法，也是很不容易记下来的。所以我可以说天地之间，除了我所记写的老师讲课的笔记，再也没有别人记下来这样的笔记了，我以为这是天地之间非常宝贵的。因为我的老师讲诗，实在是讲得好，我没有碰见过另外一个人讲诗讲得这么样好的。

先生对我也时加奖勉，其后有一天先生忽然问起我有没有笔名，说要把我的几篇作品交给报刊去发表。而我一向从来没有发表过任何作品，当然没有什么笔名。仓促间忽然想到先生在讲课时往往引用佛书，而《楞严》中曾记载云佛国有鸟名“迦陵”者，与我的名字“嘉莹”二字的音声颇为相近，于是就选用“迦陵”作为笔名了。

1945年大学毕业获学士学位

老师对我的期望

1945年我大学毕业就到中学去教书了，不过我还一直坚持在听老师讲课。1946年夏天顾先生给我写了一封信，信中说：

年来足下听不佞讲文最勤，所得亦最多。然不佞却并不希望足下能为苦水传法弟子而已。假使苦水有法可传，则截至今日，凡所有法，足下已尽得之。此语在不佞为非夸，而对足下亦非过誉。不佞之望于足下者，在于不佞法外，别有开发，能自建树，成为南岳下之马祖，而不愿足下成为孔门之曾参也。

老师以为他所传之“法”，我这个学生都已经得到了，而他所期望的，是我能够在他的“法”外，“别有开发，能自建树，成为南岳下之马祖”，而不只是做孔门的曾参。曾参是夫子说什么他就说什么，孔子说“吾道一以贯之”，曾子曰“唯”。（《论语·里仁》）顾先生不希望我只做一个唯唯诺诺的能够遵守师说的弟子而已，而希望我如同南岳怀让的弟子马祖道一那样，能够“别有开发，能自建树”。老师对我的这种期望，我当年觉得非常地惶恐和惭愧，我也不知道我的老师为什么竟然把这份期望，加在我的

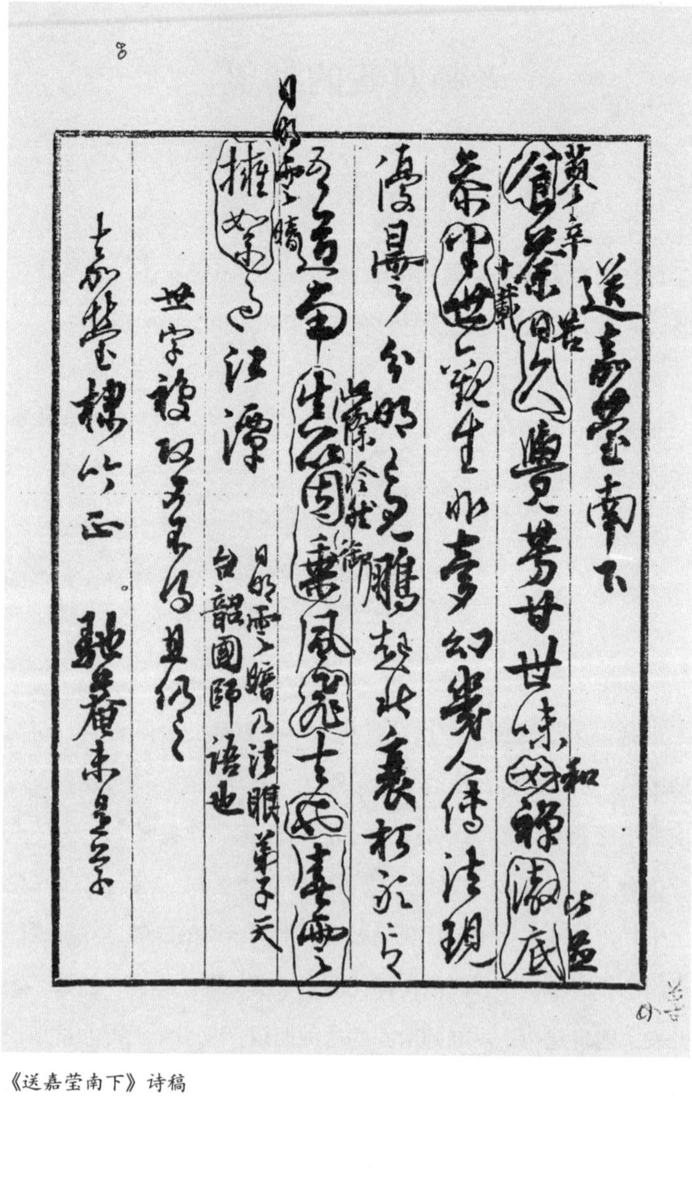

《送嘉莹南下》诗稿

身上了。我当年只不过是一个女学生，而且小的时候是关起门来在院子里长大的，非常害羞，所以在同学之间公开的场合，常常一句话都不敢讲。后来老师的女儿顾之京告诉我说，她父亲的学生很多她都认识，而对于我，她当年只知道我的名字而并不认识。我不是喜欢说话和表现的人，所以在老师面前我也只是和同学一起听讲，常常并不讲话，我真的不知道老师为什么把这样的期望加在我的身上了。不过老师是一直希望我能够继承他，能够把诗词里边那种真正的感发的生命传播下去，这也是我一直坚持到现在还在讲课的缘故。可是1948年的春天，我因为结婚的缘故就离开了北京，去了南方，当时老师曾经写了一首诗送给我：

送嘉莹南下

食荼已久渐芳甘，世味如禅彻底参。
廿载上堂如梦呓，几人传法现优昙。
分明已见鹏起北，衰朽敢言吾道南。
此际泠然御风去，日明云暗过江潭。

“廿载上堂如梦呓，几人传法现优昙”，他说自己在讲台上教书几十年，如同“梦呓”，就好像说梦话一样。而在他所教的学生之中，有几个人真的能够继承他的精神和理念呢？“几人传法”，能开出像佛经所说的优婆昙那样美丽的花朵。我是1948年3

1948年南下结婚前与北京志成中学学生合影，二排居中者为叶嘉莹

月走的，在南京我也曾经跟老师通过几封信，可是1948年11月因为我先生赵钟荪工作的调动，当时国民政府要从南京撤退到台湾去了，所以我就跟我的先生去了台湾。到了台湾我还跟老师通过几次信，可是后来就断绝了音信，从什么时候断绝的呢？从1949年以后就断绝了。1949年5月台湾发布戒严令，“白色恐怖”的阴霾从此笼罩了整个台湾，打击的对象包括知识分子、军人、农民、工人，有左翼思想倾向的人则首当其冲。当时我在台湾的彰化女中教书，我先生在左营，因为他属于海军。1949年12月24日平安夜的晚上，我先生从左营到彰化女中来探望我，那个时候我们的女儿还只是四个月大。25日圣诞节的清晨，天还没有完全亮，就敲门进来一群海军的官兵，他们怀疑我先生有思想问题，搜查了所有的东西，然后把我先生就带走了。那我不放心，就匆匆忙忙地准备一些小孩子的东西，带着我的女儿坐火车跟着他们过去了，一直到左营的海军军区。从此以后，我先生就被关起来了，我无以为生，就又回到彰化女中继续教书，而且我隐瞒了我先生因为思想问题被关的事情，否则的话彰化女中就不敢请我了。可是第二年夏天我的女儿还没有满周岁，我跟我的女儿还有校长和另外四个老师也都被关起来了。从此以后，我就跟顾先生再也没有通信了。

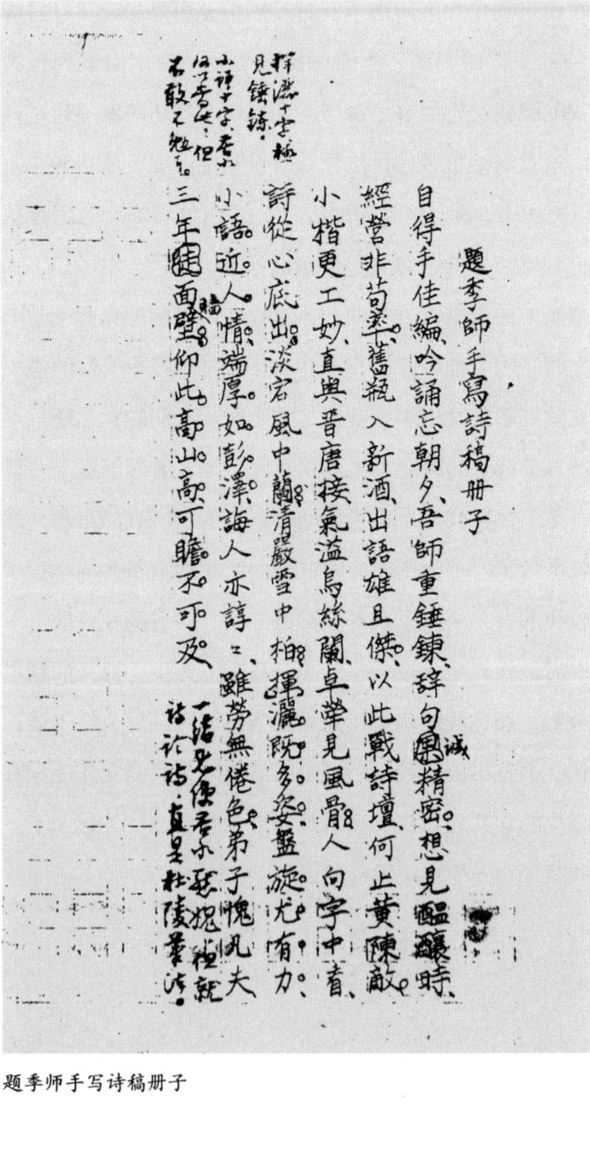
題季師手寫詩稿冊子

自得手佳編、吟誦忘朝夕、吾師重錘鍊、辞句思精密。想見醞釀時、經營非苟率。舊瓶入新酒、出語雄且傑、以此戰詩壇、何止黃陳敵。小楷更工妙、直與晉唐接、氣溢烏絲闌、卓犖見風骨、人向字中看、詩從心底出。淡宕風中蘭、清嚴雪中柏。揮灑既多姿、盤旋尤有力。小語近人情、端厚如彭澤。誨人亦諄諄、雖勞無倦色。弟子愧凡夫、三年徒面壁。仰此高山高、可瞻不可及。

题季师手写诗稿册子

附录1：

题季师手写诗稿册子

自得手佳编，吟诵忘朝夕。
吾师重锤炼，辞句诚精密。
想见酝酿时，经营非苟率。
旧瓶入新酒，出语雄且杰。
以此战诗坛，何止黄陈敌。
小楷更工妙，直与晋唐接。
气溢乌丝阑，卓荦见风骨。
人向字中看，诗从心底出。
淡宕风中兰，清严雪中柏。
挥洒既多姿，盘旋尤有力。
小语近人情，端厚如彭泽。
诲人亦谆谆，虽劳无倦色。
弟子愧凡夫，三年面墙壁。
仰此高山高，可瞻不可及。

附录2：

贺新郎

夜读羡季师《稼轩词说》感赋

此意谁能会。向西窗、夜灯挑尽，一编相对。时有神光来纸上，恍见上堂风致。应不愧、稼轩知己。爱极还将小语谑，尽霜毫、挥洒英雄泪。柏树子，西来意。　　今宵明月应千里。照长江、一江白水，几多兴废。无数青山遮不住，此水东流未已。想人世、古今同此。把卷空余千载恨，更无心、琐琐论文字。寒漏尽，夜风起。

附录3：

顾羡季先生五旬晋一寿辰祝寿筹备会通启

盖闻春回阆苑，庆南极之烜辉，诗咏闷宫，颂鲁侯之燕喜。以故麦丘之祝，既载齐庭，寿人之章，亦播乐府。诚以嘉时共乐，寿考同希。此在常人，犹申祝典。况德业文章如我夫子羡季先生者乎。先生存树人之志，任秉木之劳。卅年讲学，教布幽燕，众口弦歌，风传洙泗。极精微之义理，赅中外之文章。偶言禅偈，语妙通玄，时写新词，霞真散绮。寒而毓翠，秀冬岭之孤松；望在出蓝，惠春风于细草。今岁二月二日即夏历丁亥年正月十二日，为我夫子五旬晋一寿辰。而师母又值四旬晋九之岁，喜逢双寿，并在百龄。乐嘉耦之齐眉，颂君子之偕老。花开设悦，随淑气以俱欣；鸟解依人，感春风而益恋。凡我同门，并沐菁莪之化，常存桃李之情，固应跻堂晋拜，侑爵称觞。欲祝椒之千秋，愿联欢于一日。尚望及门诸彦，共襄斯举，或抒情抱，或贡词华。但使德教之昌期，应是同门之庆幸。日之近矣，跂予望之。

第二章 感念师恩

龙榆生先生曾经给他的学生题写过一首《浣溪沙》的小词，下半阕说："文字因缘逾骨肉，匡扶志业托讴吟，只应不负岁寒心。"我把他这几句改写了一下，变成"师弟恩情逾骨肉，书生志意托讴吟，只应不负岁寒心"。老师与学生之间的这种情谊，有时甚至于比骨肉更亲近。因为骨肉是天生来的，是血缘的关系，而不在于个人精神、思想上有没有一种自我的选择。而师生的情谊，则是他们的理想和志意的一种传承。

一封我老师的信

差不多已经是六十多年以后了，我在整理我们家东西的时候，因为我先生在四年前也过世了，家里很多杂乱的东西需要整理。我就在一堆旧信里边，找到了一封我老师的信，是我当年没有收到的一封信。台湾拍过一个电影《海角七号》，讲一封没有投到的信，这件事情在我的身上就真的发生了。我是六十年之后才知道老师给我写过这样一封信，其实还不是给我的信，是顾先生在给我的信里附了一封给台湾大学的台静农先生的信，给我的信已经不见了，而这封附信居然保存下来了。信封的正面写的是台湾大学台静农教授的名字，信封的背面写了几个字："左营海军军事学校教练处赵钟荪转"。这是六十多年前的信，我是去年（2011年）才看见的。这封信证明老师是非常关心我的，他曾经要把我推荐给台湾大学中文系的系主任台静农先生。可是这封信我没有收到，一直到去年我才看见这封信。我当时从被关押的地方出来就失业了，无以为生，寄居在亲戚的家里。后来当我先生被放出来以后，经由我另外的老师许世瑛先生、戴君仁先生的介绍，我还是到台北各大学去教书了，我也曾经写过一篇纪念台湾几位师友的文章（《怀旧忆往——悼念台大的几位师友》），以表示我的感激之意。而我不知

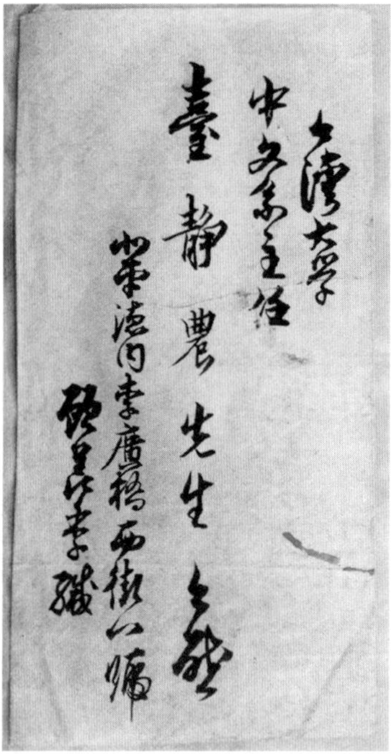

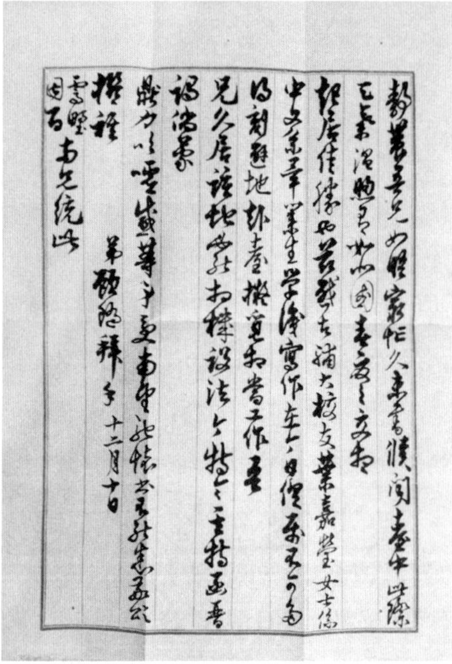

顾随致台静农信函、信封

道，原来顾先生也曾经给台静农先生写过一封推荐我的信，信的内容说：

静农吾兄如晤：

穷忙久未书候。闻台中此际天气温煦，有如北国春夏之交，想起居佳胜也。兹启者，辅大校友叶嘉莹女士，系中文系毕业生，学识写作在今日俱属不可多得，刻避地赴台，拟觅相当工作。吾兄久居该地，必能相机设法，今特令其持函晋谒，倘蒙鼎力吹嘘，感等身受。南望驰怀，书不能悉。敬颂　撰祺

弟　顾随　拜手　十二月十日

霁野、因百两兄统此

好在顾先生还有一些残存的日记，我们可以考证这封信写作的确切年份。老师1948年12月4日的日记记载："得叶嘉莹君自台湾左营来信，报告近况，自言看孩子、烧饭、打杂，殊不惯，不禁为之发造物忌才之叹。"12月5日的日记记载："作一书与叶君。"12月10日的日记记载："发致叶君信。"我想老师一定是得知我在台湾的近况以后非常关心，在给我寄信的当天又写了这封给台静农先生的信。而我没有收到的给我的那封信正是日记记载12月5日所写的一封信。这足可见到老师对我的关怀，对我的期望，是使我非常感念的。

其后1949年7月顾先生在写给我的同学刘在昭的一封信中又曾

叶嘉莹，1948年3月摄于上海

说：“嘉莹与之英遂不得消息，彼两人其亦长长相见邪？”那时台湾已经戒严，所以我们就断绝了音信。之英是老师的二女儿，也到台湾去了，她的先生是空军，我们都是因为先生在国民党的军队里工作所以随国民政府撤退到台湾去的。我跟我先生是白色恐怖被关了，而顾之英去了台湾以后不久，因为气候、环境、生活种种的原因，她去世了。顾之英去世以后，她的先生李朝魁自杀了，而且在自杀以前把他们家的三个孩子都先喂了毒药，全家都不在了。这当时我都不知道，本来我的老师也叫我去看望顾之英的，可是我到了台湾以后就怀孕生女，而且当时台湾交通不便，左营到台北要坐一整天的火车，而且我生了女儿以后不久就被关了，所以我没有办法跟她联系。等我先生放出来了，我们到了台北，我就去空军的眷属宿舍找顾之英，他们的邻居告诉我说，他们全家都不在了。有人还说当时救下来一个男孩子，叫李沪生，可是他在哪儿呢？那些人就不清楚了，那我就又找了一个人，也是我们辅仁大学的同学，叫傅试中，他在空军工作，我就托他去帮我找那个孩子，我当时其实是预备领养那个孩子的，可是没有找到。后来当我回国见到老师的小女儿顾之京的时候，她告诉我说，其实当年她的姐姐全家这样的不幸，大陆的报纸曾经将之作为台湾白色恐怖的事件报道过，家里人不敢把这件事情告诉老师，就把报纸藏起来了，说今天的报纸没有拿到。后来她们就发现，老师也有可能在别的地方看到了这个消息，应该知道了这件事情，可是他也不愿意在家里边挑明，所以彼此都不说。在

1941年顾随（前左）与中文系教师及研究生（前右余嘉锡，后排左二周祖谟，右一郭预衡、右三刘乃崇、右四启功、右五葛信益）于辅仁大学司铎书院合影

这些事情发生以前，当1949年7月老师给刘在昭写信的时候，他不知道我们的情况，所以在信中说我和之英两个人都不给他写信了，可是我们两个人是不是常常见面呢？其实我在台湾没有见过顾之英一面，等我去找她的时候她已经不在了。老师信里说得很含蓄，他当然不知道我们怎么样了，但其实我们那时候是遭遇了这样的不幸，这是我们在离乱之间的情况。

音信断绝以后，不但是老师不知道我们的遭遇，我当然也更不知道老师的心境是如何了。我是多少年以后，因为一些偶然的机缘，从旁的方面才听说了解到，其实当年音信断绝以后，老师对于我仍然是关心怀念的。他不但在日记和给我同学的书信里提到我，在给与我不相识的人的信里也曾经提到我的，这个人就是周汝昌先生。我和周汝昌先生原本并不认识，后来我在海外才获知他也曾经跟顾先生受业。直到1979年秋天，当时因为美国威斯康辛大学的周策纵教授筹办国际红学会议，我们都在受邀之列，我因而得到了周先生的地址。而那时我和诸位同门正在设法搜集和编辑老师的遗著，于是我就给周先生写了一封信，希望他能共襄此事。1980年春天，我收到周先生一封很长的回信，读后曾使我深受感动，原信说：

……汝昌于学长原无所知，早岁于羡师诗集中见有“和叶生韵”“再和叶生韵”共七律八首（整理者按：实有十二首），迥异凡响，因尽和之。并与师言“叶生”者定非俗士，今何在耶？师不

1978年在威斯康辛红学会议期间与周汝昌（右）合影

答（原注：此皆通信，非面请也）。后于五二年至蜀，于华西大学执教（原注：外语系），尔时羡师大病初起，即手书云（原注：大意）：“昔年有句赠叶生：‘分明已见鹏起北，衰朽敢言吾道南’，今以移赠吾玉言（原注：汝昌贱字也），非敢‘取巧’，实因对题耳。”此汝昌自羡师亲聆语及叶生之唯一一例，心焉识之，不敢请询也。及今思之，此岂非即指学长乎？羡师一生门墙桃李，而常伤寂寞，自知汝昌其人后，乃不以寻常师弟之谊视之，半生精力倾注于汝昌者实多（原注：指与汝昌通讯论学，唱和之勤、之专也），至言“我有平生不与家人言之之事，今独与玉言言之”，则可知其情矣……

周汝昌当年看到顾先生的诗集里有和我的诗，就问老师：“‘叶生’者定非俗士，今何在耶？”可是“师不答”，老师没有给他回答。1952年他到四川去教书了，老师给他写信说：“昔年有句赠叶生”，说从前写过诗句送给叶生：“分明已见鹏起北，衰朽敢言吾道南”，“今以移赠吾玉言”，“玉言”是周汝昌的字，老师对他说：“我当年给叶生写的诗，现在送给你了”。“非敢取巧”，老师说：“我不给你写新的句子，而把当年给叶生的句子送给你”，“实因对题”，因为他当时也到南方去了。这时候老师以为我已经没有下落了，他的传法不知如何了，所以他就把传法的“吾道南”的诗句转赠给周汝昌了。老师当年没有回答周汝昌“叶生何在”的疑问，那当然是因为我当时在台湾。我想老师默然之间，内心之中一定有着难与人言的悲慨，可是因为海峡的政治的隔绝，他不得不将这种关怀悬念的感情隐而不发。1952年当老师大病初起时，把四年前赠给我的一首寄托了“吾道南”之冀望的诗句转赠给了周汝昌，这其中老师因为多年得不到我的音信，他的失望与伤痛是可以想见的。而我几十年以后读到周汝昌先生的这封信，我内心的感动也是难以言表的。

冥冥之中的一种巧合

后来还有一件事情使我非常感动的，就是1957年老师曾经追和了我一首《踏莎行》的词，这也是到2009年我才知道的。1943年春天，我还在老师“唐宋诗”的课上听讲，老师有一次上课偶然提到雪莱的《西风颂》，《西风颂》有两句说：“冬天来了，春天还会远吗？”当时北平已经沦陷有六年之久了，大家都期盼着抗战的胜利，老师上课就说他用雪莱这两句诗的诗意填了两句词：“耐他风雪耐他寒，纵寒已是春寒了”，他就把这两句词写在了黑板上，然后我就用这两句填写了一首《踏莎行》交给老师作为作业：

踏莎行

用羡季师句，试勉学其作风，苦未能似

烛短宵长，月明人悄。梦回何事萦怀抱。撇开烦恼即欢娱，世人偏道欢娱少。　　软语叮咛，阶前细草。落梅花信今年早。耐他风雪耐他寒，纵寒已是春寒了。

当时老师还曾经给我这首词写过评语，说：“前阕大似《味

叶嘉莹与顾之京（右），摄于南开大学寓所

辛词》。”《味辛词》是老师的词集，他说我上半首写得跟他的词的风格很相近。后来我离开北平了，就与老师失去了联系。可是顾之京整理老师的遗著，她看到我的诗词稿，说老师曾经有这么两句词，可是她查遍了她父亲所有的诗词稿，也没有这两句词。一直到2009年，她才从周汝昌先生所提供的旧稿中找到，原来老师在1957年2月曾经填写了一首《踏莎行》，正是用了这两句词：

踏莎行

今春沽上风雪间作，寒甚。今冬忆得十余年前困居北京时曾有断句，兹足成之，歇拍两句是也

昔日填词，时常叹老。如今看去真堪笑。江山别换主人公，自然白发成年少。　柳柳梅梅，花花草草。眼前几日风光好。耐他风雪耐他寒，纵寒也是春寒了。

当顾之京发现这首词以后，她写了一段按语说：“品读新发现的父亲这一首已亡佚六十余年的小词，发现词前之‘序文’遥遥照应着叶嘉莹所述当年的那段‘本事’。师弟子二人相隔十余年的两首词，用的是同一个词牌《踏莎行》；同样把当年课堂上的‘断句’置于词作之‘歇拍’。老师词作上片之结拍与弟子的词作上片结拍用的是同一个韵字，词中所用意象师生二人也颇有相近似者——这竟是老师对弟子十四年前‘用羡季师句’足成之作所谱的

一阕无法明言‘和作’的跨越时空的唱和。此中所深蕴的不尽的情意，难以言传。”而作为当事人的我，内心的感动当然更是言语所难以传述的。

我到台湾以后遭遇到很多不幸，所以50年代我的整个心境是很悲观的。我那时候最常记起来的，就是王国维先生用东坡韵咏杨花的《水龙吟》词开头的两句：“开时不与人看，如何一霎濛濛坠”，我以为自己就像静安先生所咏的杨花一样，还没有开过，就已经零落凋残了。所以当我得知老师在日记里也不禁为我“发造物忌才之叹”的时候，老师对我的那一份欣赏，那一份期望，和获知我近况以后的那一份哀感，真是使我有深切的感动。而我当时虽然遭遇了那样的不幸，心境也很悲观，但是我也没有忘怀我的老师。不但那些听课的笔记我一直随身携带，完整地保存下来了，还有老师写给我的书信，赠给我的诗，我也都视为无价之宝，行箧以随。我那时常常梦见回到过去读书的时代，梦见我跟我的同学刘在昭一同去拜望老师，但当我们出了辅大女校后门走到什刹海附近时，就看到里边长满了很高的芦苇，我们怎么也没有办法从那片苇丛中走出去，那条路总是不通的，然后我就蓦然惊醒，留下满怀的悲哀和怅惘。我想我自己潜意识里边一直没有忘记老师对我的期望，而我当时面对种种的不幸，只不过勉强活下来而已，自己感到我已经没有办法达成老师的愿望，觉得对不起我的老师，所以才常常做那样的梦。我当时在梦境之中还曾经写过一副联语，那是我梦见自己在给学生讲课，讲黑板上我写的一副联语：

室迩人遐，杨柳多情偏怨别；

雨余春暮，海棠憔悴不成娇。

因为是梦中的联语，所以这副对联没有收到我的诗词稿里边。上联“室迩人遐”，出自《诗经·郑风·东门之墠》，“其室则迩，其人甚远”，是说住的地方看起来很近，但所怀念的那个人却很远。“室迩人遐，杨柳多情偏怨别”，人生的离合聚散，都是不由自主的。下联“雨余春暮”，一场雨后，春天真的是迟暮了，“海棠憔悴不成娇”，海棠花已经如此之憔悴了，失去了它原有的娇美。这虽然是梦中所写的句子，但却正是那个时期我潜意识里边的真实感受。天下的事情真的很难说，1958年台湾大学中文系的系主任台静农先生知道我梦中曾经写过这样一副联语，就把它写成了书法，还叫人装裱制成了镜框，亲自送来给我。我猜想台先生当年可能听说过我到台湾以后的遭遇，他读出来我这副对联所反映的我当时的心情，所以才如此郑重地写成书法送给我。而很可惜的是，这副我平生最为珍赏的书法，竟然于2010年岁末从我温哥华的家中被盗走了，后来我还曾经因此写过一篇纪念的文字，题目是《物缘有尽，心谊长存》，我以为物缘虽然总会有终尽的一天，但是这里边所包含的我和台先生之间的心谊则是长在的。还不只是我和台先生之间的心谊，最近我的学生告诉我——他读书很仔细，记忆力也很好——他说我当年梦中所写的这副对联，其实里边有一句是用了

張恩芑先生

諸位學長大家好：

我於八月中旬接到文惠學姐來信，知道學長們要於今年九月初舉行羨季師逝世三十週年舉辦一个紀念會，希望我能寫點紀念文字交給學長們在會中宣讀。當時我曾給文惠學姐回信，告知她我正計劃寫一篇評述性的文字介紹老師在詞的創作方面的成就，只是因工作太忙，一時恐無法寫出，但我答應了文惠姐寫一篇短的文字或許可以傳真送至北京。可是自從八月中旬到現在，我一直忙得日無暇晷。原想回到溫哥華把我的一个博士生論文評審完了，可以趕在九月六日老師逝世紀念日之前，寫出一篇詩詞論文寄上。但前天才將那个學生的論文評審完了，昨天下午就又接到了文惠姐的來函，告知紀念會已決定在九月二日舉行，而昨天已是加拿大的八月廿日，就是北京的八月廿一日了。當時我忙寫了一封信，俟到郵局以快郵寄上。從郵局回來，又想寫一篇詩詞以傳真寄給張恩芑學長，但晚飯後又來了兩位訪客。他們走時已是夜十一點。我曾努力构思到半夜兩點，結果因為體力疲倦又睡眠。早上起來又都不能集中注意，只好作罷。今天七點多忙於起來，想還是寫篇短文字以傳真寄上，聊表我對老師的紀念吧。

關於我跟老師學習受業的經過，我在《紀念我的老師清河顧隨羨季先生》一文中已曾有詳細的敘述（見《顧隨文集》之附錄）。我現在再寫一點我於一九四八年離開北京後對於老師教學之懷念的情況。我

致顾随先生三十周年忌辰纪念会的信-1

只：
於四八年三月底在南京結婚，當年十一
月即隨外子工作遷往台灣，據台後住
在高雄附近的海軍左營軍區。當時我
隨身攜帶的只有很少的幾本書籍，只有我記
老師上課時所寫的幾冊筆記，而托郵政
海運的書籍，其後則全部遺失了。我常想我
當時未把那幾冊筆記託運而隨身帶出來，
真是一件幸事。我當時在無書可讀的情
況下，乃常常翻看我自己的筆記，懷想我
當年隨諸位學長一同在老師班上聽課的美好
的學生生活。繼之我在台灣又經歷了許多艱苦
和患難，有時晚間自然會做夢，夢見我與
約在校學長於下課後一同去探望老師，
但當我們出了女校後向沿途走至什剎海
附近時，就看到到處都長滿了極高的
蘆葦，我和在校兩人怎樣也無法從
這片蘆葦中走出去，然後就突然驚醒。
為之悵然良久。這樣的夢，我做過不止一
次，所以我曾經寫過「天涯常感少陵詩，
北斗京華有夢思」的詩句。那時每當
我自己給學生上課講到杜甫《秋興》中
的「每依北斗望京華」的詩句，想到自己
不知何日才能重返故鄉重温舊日的生活，
總不免感慨無已。其後我自己也編寫了一些詳
說詩詞的文字，就更加懷念老師。總盼望
有一天能把自己的作品呈給老師請老師
加以審訂。誰想到當我一九七四年第一次
回國探親，設法希望能去看望老師的
親友時，竟然獲知老師已早於一九六0
年逝世。未能再見老師一面，這實在是我

致顾随先生三十周年忌辰纪念会的信-2

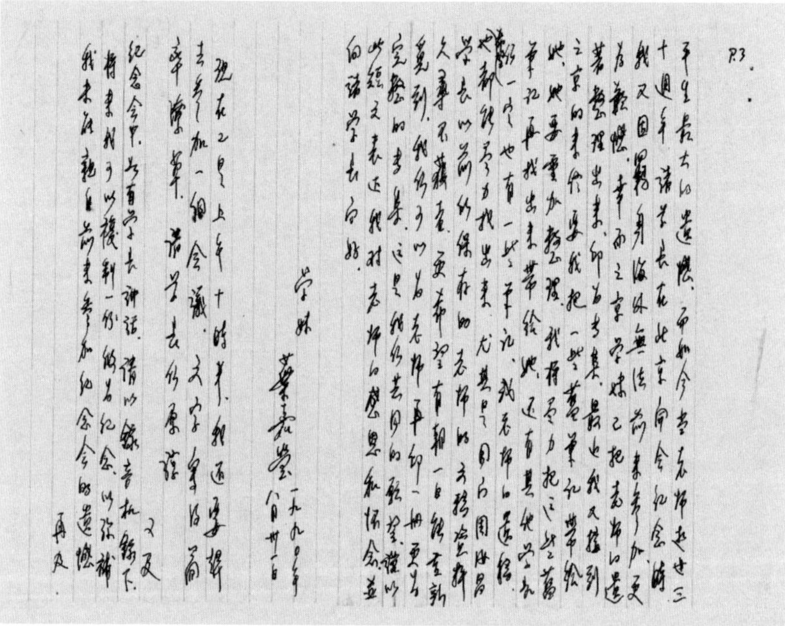

P.3.

平生最大的遗憾。而如今当老师逝世三十周年，诸学长在北京开会纪念时，我又因羁身海外无法前来参加，更为歉憾。幸而之京学妹已把老师的遗著整理出来，印为专集，最近我又接到之京的来信，要我把一些旧笔记带给她，她要重加整理。我将尽力把这些旧笔记再找出来带给她。还有其他学长们一定也有一些笔记，我想老师的遗稿也都能尽力找出来，尤其是目前国内各学长以前所保存的老师的手稿资料久寻不获者，更希望有朝一日能重新发现。我们可以为老师再印一册更为完整的专集。这是我们共同的愿望，谨以此短文表达我对老师的感恩和怀念，并向诸学长问好。

学妹 叶嘉莹 一九九二年八月廿一日

现在已是上午十时半，我还要赶去参加一个会议，文字草率潦草，诸学长们原谅。

又 纪念会中，如有学长讲话，请以录音机录下，将来我可以获得一份做为纪念，以弥补我未能亲自前来参加纪念会的遗憾

再及。

致顾随先生三十周年忌辰纪念会的信-3

我老师的句子，在我当年听讲的笔记里记录了老师所写的一首《浣溪沙》：

乍可垂杨斗舞腰，丁香如雪逐风飘，海棠憔悴不成娇。　　有鸟常呼泥滑滑，残灯坐对雨潇潇。今年春事太无聊。

老师的词里边也写了杨柳，也写了海棠，而且我下联里边的“海棠憔悴不成娇”，正是老师这首词里边的句子。我过去并没有想到，是我的学生告诉我的。所以这表示我下意识中也记得老师的诗句。台先生当然不知道其中有顾先生的诗句，而且当时我与台先生都不知道老师曾经给他写过一封推荐我的信，而台先生精心郑重写成送给我的书法，其中竟有一句是顾先生的句子。这真是冥冥之中的一种巧合。

附录1：

致顾随先生逝世三十周年纪念会的信

张恩芑先生，诸位学长：

大家好！

我于八月中旬接到之惠学姐来信，知道学长们要于今年九月初为羡季师逝世三十周年举办一个纪念会，希望我能写点纪念文字交给学长们在会中宣读。当时我曾给之惠学姐回信，告知她我正计划写一篇评说性的文字，介绍老师在词的创作方面的成就，只是因工作太忙，一时恐无法开始，但我答应了之惠姐写点简短的文字或许可以传真送至北京。可是自从八月中旬到现在，我简直忙得日无暇晷，原想回到温哥华把我的一个博士生的论文评审完了，可以赶在九月六日，老师逝世纪念日子前，写篇诗或词寄上，但前天才将那个学生的答辩主持完了。昨天下午就又接到了之惠姐的第二封信，告知纪念会已决定在九月二日举行。而昨天已是加拿大的八月卅日，就是北京的八月卅一日了。当时匆忙写了一封信赶到邮局以快邮寄上。从邮局回来，又想写篇诗词以传真寄给张恩芑学长，但晚间又来了两位访客，他们去时已是夜十一点，我曾努力构思到半夜两点，结果因为既疲倦又紧张，写出的句子都不能使自己满意，只好作罢。今天七点匆忙起床，想还是写篇简短文字以传真寄上，聊表我对老师的纪念吧！

关于我从老师学习受业的经过，我在《纪念我的老师清河顾随羡季先生》一文中已曾有详细的叙述。（见《顾随文集》附录）我现在再写一点我于一九四八年离开北京后，对于老师教学之怀念的情况。我于一九四八年三月底在南京结婚，当年十一月下旬随外子工作迁往台湾。抵台后住在高雄附近的海军左营军区。当时我随身携带的没有任何书籍，只有我从老师上课时所写的几册笔记，而托邮政海运的书物，其后则全部遗失了。我常想我当时未把那几册笔记托运而随身带出，实在是一件幸事。我当时在无书可读的情况下，乃常常翻看我自己的笔记，怀想我当年随诸位学长一同在老师班上听课的旧日的学生生活。继之我在台湾又经历了许多艰苦和患难。有时晚间就会做梦，梦见我与刘在昭学长于下课后一同去拜望老师。但当我们出了女校后门沿途走至什刹海附近时，就看到到处都长满了极高的芦苇，我和在昭两人怎样也无法从这片苇丛中走出去。然后就突然惊醒，为之怅然良久。这样的梦，我做过不止一次，所以我曾经写过“天涯常感少陵诗，北斗京华有梦思”的诗句。那时每当我自己给学生上课讲到杜甫《秋兴》中的“每依北斗望京华”的诗句，想到自己不知何日才能重返故乡重温旧日的生活，总不免悲慨无已。其后我自己也偶尔写一些评说诗词的文字，就更加怀念老师，总盼望有一天能把自己的作品呈给老师，请老师加以审订。谁想到当我一九七四年第一次回国探亲，满怀着要再去看望老师的愿望时，竟然获知老师已早于一九六〇年逝世，未能再见老师一面。这实在是我平生最大的遗憾。而如今当老师逝世三十周年，诸学长在北京开会纪念时，我又因羁身海外无法前来参加，更为歉憾。幸而之京学妹已把老师的遗著整理出来，印为专集。最近我又接到之京的来信，要我把一些旧笔记带给她，她要重加整理。我将尽力把这些旧笔记再找出来带给她。还有其他学长们一定也有一些笔记或老师的遗稿，希望也都能尽力找出来。尤其是同门周汝昌学长以前所保存的老师的文稿资料久寻不获者，更希望有朝一日能重新觅到，我们可以为老师再印一册更为完整的专集。这是我们共同的愿望。

谨以此短文表达我对老师的感恩和怀念。并向诸学长问好。

学妹 叶嘉莹

一九九〇年八月卅一日

现在已是上午十时半，我还要赶去参加一个会议。文字写得简率潦草，请学长们原谅。

又及

纪念会中，如有学长讲话，请以录音机录下，将来我可以复制一份作为纪念，以弥补我未能亲自前来参加纪念会的遗憾。

再及

附录2：

致顾随先生百年诞辰纪念会传真函

恩艺学长：

发下电传，已于昨日拜收，承告北师大中文系、河北大学中文系、北师大与辅仁校友会将于五月十六日在北师大英东楼联合举办顾随先生百年诞辰纪念会，闻讯后兴奋无已，所惜者我近日正在美国各州讲学，不克赶返国内参加此一盛会，亦未能协助诸学长共同参加筹备工作，未免深觉歉憾耳。犹忆五十年前（一九四七年）我等曾为羡季师五旬晋一之寿辰，在北京举行祝寿宴会，当时诸学长曾命我撰写祝寿筹备会之通启，启文中我曾有“但使德教之昌期，应是同门之庆幸”之语。近年来，羡季师之著作经由之京师妹之整理，已经陆续出版多种，此次盛会更有《顾随：诗文丛论》增订本之发行，中郎有女，能传父书，复加之以诸学长之共襄盛举，则先生德教之昌期，固已彰然可见，嘉莹不敏，每念师恩，无以为报。近年既在南开大学成立中国文学比较研究所，因决定捐献个人退休金之半数，成立基金会，并将其中之奖学金，定名为“驼庵奖学金”，特取先生之别号为奖学金之名称，亦不过聊表个人对师恩之感念于万一耳。此事本未对外宣扬，而今既适逢羡季师百年诞辰会之举行，则此一奖学金之设立，或者亦正可表示嘉莹对羡季师百年诞辰之一点祝贺之微意，因敢奉告诸学长，想亦当为诸学长所乐闻也。

叶嘉莹

一九九七年五月

第三章 薪火相传

顾随，1939年夏摄于牛排子胡同寓所

我以为自己平生做了两件事情，在文化的传承上是有意义的。一个就是顾先生说诗的笔记我记下来了；还有一个就是教我大一国文的戴君仁先生，他的吟诵非常好，当年没有录音，后来在台湾我请我的学生为戴先生录了一卷录音，包括五、七言古近体，有将近一个小时的录音，现在在网上大家都可以看到。我觉得在文化的传承上，我所做的这两件事情是有意义的。

先生平生最大之成就

先生的才学和兴趣方面甚广，无论是诗、词、曲、散文、小说、诗歌评论，甚至佛教禅学，先生都曾留下了值得人们重视的著作，足供后人之研读景仰。但作为一个曾经听过先生讲课有五年以上之久的学生而言，我以为先生平生最大之成就，实在还并不在其各方面之著述，而更在其对古典诗歌之教学讲授。因为先生在其他方面之成就，尚有踪迹及规范可资寻绎，而唯有先生之讲课则是纯以感发为主，全任神行，一空依傍，是我平生所见到的讲授诗歌最能得其神髓，而且也最富于启发性的一位非常难得的好教师。先生的讲诗重在感发而不在拘狭死板的解释和说明，所以有时在一小时的教学中，往往竟然连一句诗也不讲，自表面看来也许有人会以为先生所讲者，都是闲话，然而事实上先生所讲的却原来正是最具启迪性的诗歌中之精论妙义。昔禅宗说法有所谓“不立文字，见性成佛”之言，诗人论诗亦有所谓“不涉理路，不落言筌”之语。先生之说诗，其风格亦颇有类于是。所以凡是在书本中可以查考到的属于所谓记问之学的知识，先生一向都极少讲到，先生所讲授的乃是他自己以其博学、锐感、深思，以及其丰富的阅读和创作之经验所体会和掌握到的诗歌中真正的精华妙义之所在，并且更能将之用多种之譬解，做最为细致和最为深入的传达。除此以外，先生讲诗还有一个特色，就是先生常把学生与学道以及作诗与做人相并立论。先生一向都主张修辞当以立诚为本，以为不诚则无物。所以凡是从先生受业的学生往往不仅在学文作诗方面可以得到很大的启发，而且在立身为人方面也可以得到很大的激励。

凡是上过先生课的同学一定都会记得，每次先生步上讲台，常是先拈举一个他当时有所感发的话头，然后就此而引申发挥，有时层层深入，可以接连讲授好几小时甚至好几周而不止。举例来说，有一次先生来上课，步上讲台后便转身在黑板上写了三行字：“自觉，觉人；自利，利他；自渡，渡人。”初看起来，这三句话好像与学诗并无重要之关系，而只是讲为人与学道之方，但先生却由此而引发出了不少论诗的妙义。先生所首先阐明的，就是诗歌之主要作用，是在于使人感动，所以写诗之人便首先须要有推己及人与推己及物之心。先生以为必先具有民胞物与之同心，然后方能具有多情锐感之诗心。于是先生便又提出说，伟大的诗人必须有将小我化而为大我之精神， 而自我扩大之途径或方法则有二端：一则是对广大的人世的关怀，另一则是对大自然的融入。于是先生遂又举引出杜甫《登楼》一诗之“花近高楼伤客心，万方多难此登临”为前者之代表，陶渊明《饮酒》诗中之“采菊东篱下，悠然见南山”为后者之代表；而先生由此遂又推论及杜甫与陆游及辛弃疾之比较，以及陶渊明与谢灵运及王国维之比较；而由于论及诸诗人之风格意境的差别，遂又论及诗歌中之用字、遣词和造句与传达之效

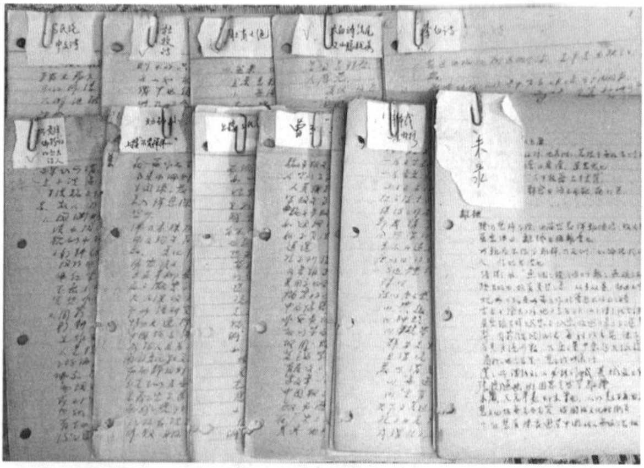

叶嘉莹笔记

果的种种关系，甚且将中国文字之特色与西洋文字之特色做相互之比较，更由此而论及于诗歌中之所谓“锤炼”和“酝酿”的种种工夫，如此可以层层深入地带领同学们对于诗歌中最细微的差别做最深入的探讨，而且绝不凭借或袭取任何人云亦云之既有的成说，先生总是以他自己多年来亲自研读和创作之心得与体验，为同学们委婉深曲地做多方之譬说。昔元遗山论诗绝句曾有句云：“奇外无奇更出奇，一波才动万波随。”先生在讲课时，其联想及引喻之丰富生动，就也正有类乎是。所以先生之讲课，真可说是飞扬变化、一片神行。先生曾经把自己之讲诗比作谈禅，写过两句诗说：“禅机说到无言处，空里游丝百尺长。”这种讲授方法，如果就一般浅识者而言，也许会以为没有世俗常法可以依循，未免难于把握，然而正是这种深造自得、左右逢源之富于启发性的讲诗的方法，才使得跟随先生学诗的人学到了最可珍贵的评赏诗歌的妙理。而且当学生们学而有得以后，再一回顾先生所讲的话，便会发现先生对于诗歌之评析实在是根源深厚、脉络分明。仍以前面所举过的三句话头而言，先生从此而发挥引申出来的内容，实在相当广泛，其中既有涉及诗歌本质的本体论，也有涉及诗歌创作之方法论，更有涉及诗歌之品评的鉴赏论。因此谈到先生之教学，如果只如浅见者之以为其无途径可以依循，固然是一种错误，而如果只欣赏其当时讲课之生动活泼之情趣，或者也还不免有买椟还珠之憾。先生所讲的有关诗歌之精微妙理是要既有能入的深心体会，又有能出的通观妙解，才能真正有所证悟的。

20世纪80年代在天津拜望李霁野夫妇

20世纪50年代中期，我开始在台湾大学教书，不久又在淡江大学和在台湾复校的辅仁大学兼课。前面所讲的顾先生写给台静农先生的信里，老师还提到两个人，就是郑骞（因百）先生和李霁野先生。郑骞先生当时也在台大教书，1956年夏天，台湾的“教育部”举办了一个系列讲座，邀请一些有名的教授去讲课，他们当时就请郑骞先生去讲词，可是郑先生当时太忙，他就推荐我去，所以我就去讲了唐五代和北宋的词。讲座结束以后，“教育部”又要我们这些讲课的人，每人写一篇文章刊登在当时台湾“教育部”出版的《教育与文化》这本刊物上，所以1957年我才写了大家现在所能见到的我的第一篇评赏诗词的文字——《说静安词〈浣溪沙〉一首》。郑骞先生看了我的文章以后，就对我说：“你所走的是顾羡季先生的路子。”郑先生是顾先生的好友，对老师也非常理解，他以为我可以说是继承了顾先生的衣钵，得其神髓了。不过我当时忧患余生，内心并未敢抱有什么“传衣钵，得神髓”的奢望，我只是尽自己的力量教书，偶然写一点带有自己投影的文字而已，是后来我才慢慢跳出一己的感情来开始撰写正式的论著的。不过不论是哪种风格的文字，我都是以我自己内心的真诚感受为主来写的，是我内心真的有所感发，才笔之于书的，这当然也是受了我老师的影响。至于老师在信里同时也提到的李霁野先生，则更是我1979年回国以后坚持邀请我到南开来教书的一位师长，他也曾经到过台湾，不久就返回大陆了。1979年我开始回国教书，国家教委本来安排我去的是北京大学，李霁野先生当时在南开做外文系的系主任，他知

20世纪50年代在台湾，后排右四为叶嘉莹

道我回来了，就坚持邀请我来南开教书。后来一直到现在，我和南开大学才结下来这三十几年的因缘。所以我一直以为虽然我和我的老师分别，不能见面和通信了，但是冥冥之中总是有一种指引，有一种力量，不但让我在忧患困苦之中能够坚持活下来，还让我葆有对诗词里边那种感发生命的终生的热情和对于教学传承的执着，这也是我为什么一直到现在还在坚持中国古典诗词之教学的缘故。

1974年，我首次回国探亲，闻知先生已早于1960年逝世，且其所有遗作，亦已皆于动乱中散佚。悼痛之余，乃发愿与诸同门好友一同搜集整理先生之遗作。并将我所保存的这一批笔记，交给了先生的幼女现在河北大学中文系任教的顾之京女士。其后于1984年，编订成《顾随文集》一书，于1986年交由上海古籍出版。其所附录的《驼庵诗话》一部分，就是之京女士所整理的我当日听先生讲授诗词诸课的笔记。其后台湾的桂冠出版社又与我相商，将更多有关先生诗词讲授的笔记一并收录，由顾之京女士再次整理出版为《顾羡季先生诗词讲记》一书，交由台湾桂冠出版。

1962年与台大中文系同学合影，三排居中者为叶嘉莹

传法如同传灯

佛教说传法如同传灯，《维摩诘经》上曾经说：

有法门名无尽灯，汝等当学。无尽灯者，譬如一灯然百千灯，冥者皆明，明终不尽。

诗词中的那种感发，绝不只是知识，它是一种生命，是能够提升你的心灵和品质的一种能量。这就像是佛教所说的传灯，"一灯然百千灯"，从一个灯的火焰能够点燃百千灯的火焰，灯灯的继续相传，能使"冥者皆明，明终不尽"。我的老师点燃了我心中的灯，他也希望我能够把这一点火焰传递下去，所以我很希望同学在学校学习的，不只是知识，不只是学问，而是真的在你们的品格、情操、心灵方面能够更有所提升的一种生命和力量。而联想到传灯的"灯"，我曾经写过一些与灯有关的诗词，现在可以简单给大家讲一讲。前面提到1944年在大学读书时我写了《晚秋杂诗》五首和《摇落》一首一共六首七言律诗，本来是交给老师的习作，可是这次老师没有批改，他发回来的，是他和了我的六首七言律诗。那后来到了冬天了，老师既然和了我的诗，所以我就又写了六首诗，用

1965年与台大中文系毕业生合影，一排左六为戴君仁，左八为台静农，
左十为毛子水，右二为叶嘉莹，右三为许世瑛

同样的韵，所谓“和韵”。我的老师也又和了我六首诗。这些诗我来不及细讲，我只讲其中我所写的提到灯的一首：

羡季师和诗六章用《晚秋杂诗》五首及《摇落》一首韵，辞意深美，自愧无能奉酬。无何既入深冬，岁暮天寒，载途风雪，因再为长句六章，仍叠前韵

尽夜狂风撼大城，悲笳哀角不堪听。
晴明半日寒仍劲，灯火深宵夜有情。
入世已拚愁似海，逃禅不借隐为名。
伐茅盖顶他年事，生计如斯总未更。

那是沦陷中的北平，“尽夜狂风撼大城，悲笳哀角不堪听”，北京冬天的风是非常大的，吹起来带着哨声这么响的。因为我们是在沦陷区，已经到了最艰苦的阶段，不用说粮食，我们当时只能吃混合面，我去上学，走出门来，墙角底下就是冻饿而死的人，这是我在沦陷区那抗战最艰苦的阶段所亲眼看见的。“晴明半日寒仍劲，灯火深宵夜有情”，好不容易“晴明半日”，似乎有了一点好的消息，有了一点盼望，但是那胜利，那真正太平安乐的日子还是很遥远的。“晴明半日寒仍劲”，但是“灯火深宵夜有情”，当然在这么寒冷的夜晚，外边寒风怒号，冰雪满天的时候，你房间里边有红色的灯火，有一盏油灯，当然是“有情”，而且这

1987年在北京国家教委礼堂举办“唐宋词系列讲座”时，接受各报刊记者访问，中为叶嘉莹

个灯火不只是你眼前的现实的这一点灯火，是你心中有没有灯火？“入世已拚愁似海”，一个人如果不想做事情就算了，你如果入世，就要拚出去，要面对和担荷一切的痛苦和不幸，我是经历过很多忧患困苦的，但是我活下来了。“逃禅不借隐为名”，所谓“逃禅”，有些人觉得世间这样的污浊混乱，所以就闭门独善，自命清高，说我是学道的，我的品格是高的，我怎么能够跟你们混在一起呢。而我说“入世已拚愁似海，逃禅不借隐为名”，我是说我自己内心是远离人世间这些污浊混乱的，我没有那些物欲的追求，但是我并没有说我要到深山老林之中去隐居，来表现我可是清高的。“入世已拚愁似海”，就是说我是关怀人世的，我有这样的感情，有这样的心意，可是“逃禅不借隐为名”，因为我不沾染世界上一切的利欲。这就是我老师所说的“以无生的觉悟做有生的事业，以悲观的心情过乐观的生活。”所以我说“伐茅盖顶他年事，生计如斯总未更”，我自己从来没有打算过要为自己做怎么样的安排，我落到哪里那都是命运的安排。后来我还写过一首咏灯的词：

鹧鸪天

友人寄赠“老油灯”图影集一册，其中一盏与儿时旧家所点燃者极为相似，因忆昔年诵读李商隐《灯》诗，有“皎洁终无倦，煎熬亦自求”及“花时随酒远，雨后背窗休”之句，感赋此词

皎洁煎熬枉自痴。当年爱诵义山诗。酒边花外曾无分，雨冷

1999年于中华古典文化研究所大楼前留影

窗寒有梦知。　　人老去，愿都迟。蓦看图影起相思。心头一焰凭谁识，的历长明永夜时。

李商隐写过一首咏灯的诗，说灯是要燃烧的，“皎洁终无倦，煎熬亦自求”，所以它的忍受煎熬是出于自求，是它自己有这样的一种感情，有这样的一种志意，所以“皎洁终无倦，煎熬亦自求”。灯也有幸与不幸，幸运的灯是被诗人拿着去赏花，“只恐夜深花睡去，故烧高烛照红妆”，“花时随酒远”，这是幸运的灯。可是有的时候不幸运的灯，则是“雨后背窗休”，在凄风冷雨的夜晚，这个灯被吹灭了，所以灯也有这样两种不同的遭遇。可是灯本来的使命，是要去燃烧自己，照亮别人的。我小时候家里边窗前有一丛竹子，我曾经写过一首诗：

对窗前秋竹有感

记得年时花满庭，枝梢时见度流萤。
而今花落萤飞尽，忍向西风独自青。

我小的时候生活很贫乏，是关在家门里边长大的，连小学都没有上。所以我就写我们家的院子，“记得年时”，春夏的时候，“花满庭”，院子里我母亲种了很多花，“枝梢时见度流萤”，夏天那树枝的枝梢常常有萤火虫飞来飞去。“而今花落萤飞尽”，现在花也落

1999年在驼庵奖学金颁奖仪式上

了，萤火虫也不见了，我就对我窗前的“秋竹”说，你“忍向西风独自青”？你怎么忍心看着花也落了，萤火虫也不见了，独自对着西风，还这样青翠如斯呢？我当时不过十五岁，我很奇怪自己为什么说那样的话。就是说我所关怀的不是自己，而是周围的环境。就如同灯一样，天生来就是要燃烧自己，照亮别人的。所以我说我是“皎洁煎熬枉自痴”，我自己有这样一种痴情。而我的生活遭遇，则是“酒边花外曾无分，雨冷窗寒有梦知”，我生平经历了很多忧苦和患难，在现实之中，我没有一般人，像那些幸运的灯被拿来赏花祝酒的那种“酒边花外”的快乐。可是我也有我自己的快乐，那就是我和我所迷恋热爱的诗词相伴了一生，即使在那“雨冷窗寒”的夜晚，我心中有一盏灯，它照亮着我的梦，所以我的梦从来没有冷过。最后我说“心头一焰凭谁识，的历长明永夜时”，我心头的这一点火焰，真的有谁能够认识，更有谁能够传递，我现在虽然是“人老去，愿都迟”了，可是我还预备尽我的力量，把我老师所传递给我的那一点火焰，传递下去。我虽然老了，但是我内心的那盏灯还是和当年老师把我点燃的时候一样，皎洁的历，永夜长明的。

我的老师希望我能够做一个传法的弟子，我只是在努力，我不知道自己能不能做到。但是作为老师，总是希望能够有一个继承的人。我自1945年大学毕业，曾在当时北京的三所中学任教，1948年离京南下，当然没有退休金。到南京后曾在一所私立中学任教，而1948年底就随我先生工作调动去了台湾，当然也没有退休金。1949年初到台湾彰化女中任教，到1950年夏因白色恐怖离职，当然也没有退休金。恐

2014年11月，南开“迦陵学舍”迎来恭王府西府海棠

怖期中蛰居台南一个私立中学任教三年，当然也没有退休金。1953年转到台北市二女中任教仅一年就被台大聘去兼课，也没有退休金。1954年我在台大改为专任，到1969年离职赴加拿大，任期只有十五年，也没有退休金。1989年我六十五岁，从加拿大不列颠哥伦比亚大学退休，虽然教了二十年书，但因第一年来任教时是客座的身份，计算起来专任之期不过十九年，所以也不能拿到全额退休金。至于我自1979年以来，虽曾在国内多所大学讲课任教，但都是自费回国，无偿讲学，何况我已早逾退休年龄。南开支持我多年在此讲学，并成立了中华古典文化研究所，得遂我传灯讲学之愿，我对南开大学极为感激，所以我愿意将平生所得退休金捐出一半设立奖学金，今天我还想借此机会对南开大学多年来给我的爱护和支持表达深切的感谢之意。我以我老师的名义设立了这个奖学金，我当年所捐出的是我一生教书所得的唯一的一份退休金的一半，当时的十万美金约合一百万人民币，而多年来币值的改变，现在当然已经微不足道了，可能同学得到的奖金连在今天吃一顿豪华的酒宴都不够，但是我设立奖学金的初心和愿望，包含了我对老师的怀念与感激，现在可以说更包含了我们经历了死生离别的七十年师生的情谊。我是希望我们年轻的同学，真的有人能够对古典诗歌有深入的体会，真的能够有所成就。“心头一焰凭谁识，的历长明永夜时”，我希望我的那一点光焰能够有年轻的同学，像传灯一样，能够传下去。我希望大家不只是注重知识和学问，更不只是看重物利和金钱，而是像我的老师和我一样，我们透过诗歌里边那种感发的生命，能够建立跟葆有一份恒常永在的情谊和光亮！

附录：

在“叶氏驼庵奖学金”首届颁奖大会上的讲话

各位贵宾，各位老师，各位同学：

我今天在这个奖学金颁发会的场合之中感到非常激动。我用我老师的别号“驼庵”命名这个奖学金的名字，就是为了纪念我的老师。我的老师的本名上边是一个“顾”字，下边是一个“随”字，他有一个别号是“苦水”，还有一个别号就是“驼庵”。我开始跟我的老师读书的时候，那是一九四二年，距离现在已经有五十五年之久了。刚才陈洪先生谈到我的两句诗，我的全诗是说：

构厦多材岂待论，谁知散木有乡根。
书生报国成何计，难忘诗骚屈杜魂。

我是说我觉得祖国的建设需要很多很多的人才那是不用说的，所以是“构厦多材岂待论”；至于我，则是“谁知散木有乡根”，我是说我自己是一个不成材的树木，是散木，是没有用的，但是我的根是种在祖国的——我是在祖国受的教育，我是一直到大学毕业后才离开了我的祖国，我所有的一切都是从我的祖国得来的，所以我今天愿意把我的一切回报给我的祖国。

而且最使我难忘的就是我临走以前，老师送我的一首诗。我是一九四八年春天离开我的故乡北京的，行前我去跟我的老师辞行，我的老师送了我一首诗——今天有我的师姐和师妹在这里，她们现在还保存有老师这首诗的亲笔手稿——诗里有这样几句：“廿载上堂如梦呓，几人传法现优昙。分明已见鹏起北，衰朽敢言吾道南。”这几句诗，我的老师是说，教书教了这么多年，老师的希望是能够传法有人，也像刚才陈洪先生说的，我们教学就是“薪尽火传”，我们一个人，个人的生命是有限的，我们祖国的文化的命脉是传之永远的，是无穷的。所以我的老师就是希望有人传法，所以他说“廿载上堂如梦呓，几人传法现优昙”。底下的两句“分明已见鹏起北，衰朽敢言吾道南”，我的老师是说他已经老了，衰朽了，可是寄希望在我；因为我当时离开北平是到南方去，所以说“鹏起北”，“吾道南”是用禅宗的典故，五祖传法给六祖时曾说：“吾道南矣”，这是希望我能继承他。我是老师的学生，所以老师希望我能够继承他，把他所传的法带到南方去。

可是我到了台湾以后，遭遇了很多不幸。我一九四八年到台湾，一九四九年夏天生了第一个孩子，一九四九年的冬天我先生就因为台湾的白色恐怖、国民政府认为他思想有问题把他关起来了；一九五〇年我带着孩子也被关起来了。我曾经历过一段很艰苦的日子，有的时候不但没有一间房屋睡觉，甚至连一个床铺也没有，我是从很艰苦的环境中生活过来的。但是我一直记得我老师对我的期望，应该努力去学习和工作。所以我只想，把我得之于我的老师的东西传下去。现在我虽然是已经年逾古稀——我今年七十三岁多了，过年就是七十四岁，用中国老百姓的话就是“七十五岁快要八十的人了”。大家都说我是“不知老之将至”，其实我不是“不知老之将至”，是“不知老之已至”。我之所以仍愿致力于教学，是因为我觉得我们现在实际上就像陈洪先生说的，很多人对于我们古典的民族文化，不但是不理解，而且经常是不乐于学习和接受。这是一个很大的损失，是我们国家命脉的一个损失。所以我全心全意想为此多做一些事情。

我的能力很薄弱，我感谢南开大学给了我很多的支持。自从我一九九〇年从加拿大退休，那时候，母国光校长在位，还有刚才介绍的外事处逄处长，就说希望我回来教书。我本来自知能力很薄弱，我说教书是可以的，但我没有资格成立一个研究所。但是学校给我很多鼓励和支持，我们才办起了这个研究所。研究所刚办的时候，一切都很缺乏，教室啦、设备啦、财力、物力都非常缺乏，很多本校的老师在开始的时候也给了我很多帮助，现在总算勉强能够办起来了。我也得到了海外的一些支持。我现在最大的希望，就是我刚才说的，我这个教书的人——我教了五十多年的书——在我的有生之日的余年，能够找到传法的人，能够把老师的希望继续下去，这是我最大的愿望。

叶嘉莹

一九九七年十二月二十五日

第四章 解读赏析

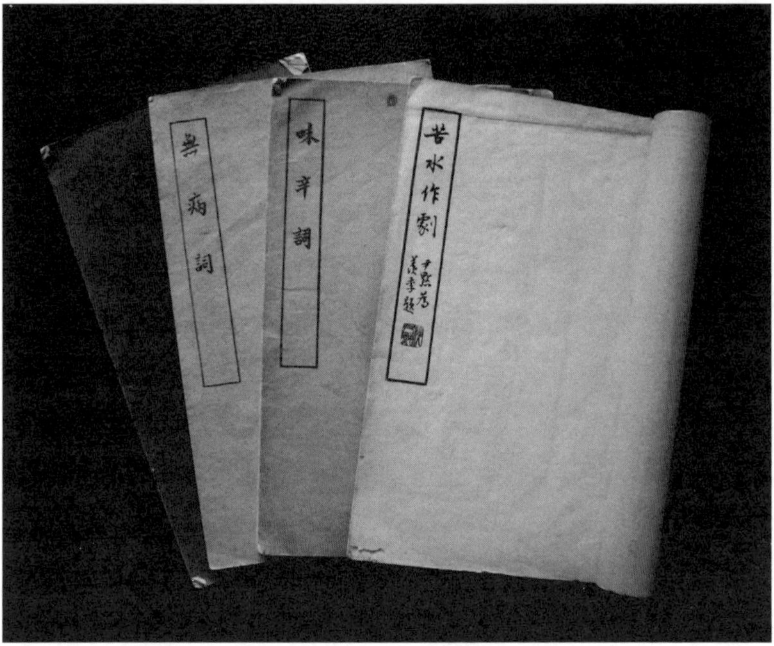

顾随作品集（部分）

先生自二十余岁时即以词见称于师友之间，最早的一本词集《无病词》刊印于1927年，收词八十首，当时先生不过三十岁；其后一年（1928年）又刊印《味辛词》一册，收词七十八首；又二年之后（1930年），又刊印《荒原词》一册，收词八十四首。在《荒原词》之卷首，有先生之好友涿县卢宗藩先生所写的一篇序文，曾经叙述说先生“八年以来殆无一日不读词，又未尝十日不作，其用力可谓勤矣”。然而自《荒原词》刊出以后，先生却忽然对于写词感到了厌倦，于是遂转而致力于诗之写作。四年之后（1934年），遂有《苦水诗存》及《留春词》之合刊本问世，卷首有先生之“自序”一篇，叙述平生学习为诗及为词之经过，自云“余之学为诗几早于学为词二十年，顾不常常作”，又云自1930年冬“以病忽厌词”，于是自1931年春“遂重学为诗”；先生自言其为诗之用力亦甚勤，云：“余作诗虽不如老杜之‘语不惊人死不休’，亦未尝率意而出，随手而写，去留殿最之际，亦未尝不审慎”，然而先生却自以为其诗之成就不及其词，并引其稚弟六吉之言，以为其所为诗“未能跳出前人窠臼”。先生自谓“少之时，最喜剑南”，其后“学义山、樊川，学山谷、简斋，惟其学，故未必即能似，即其似

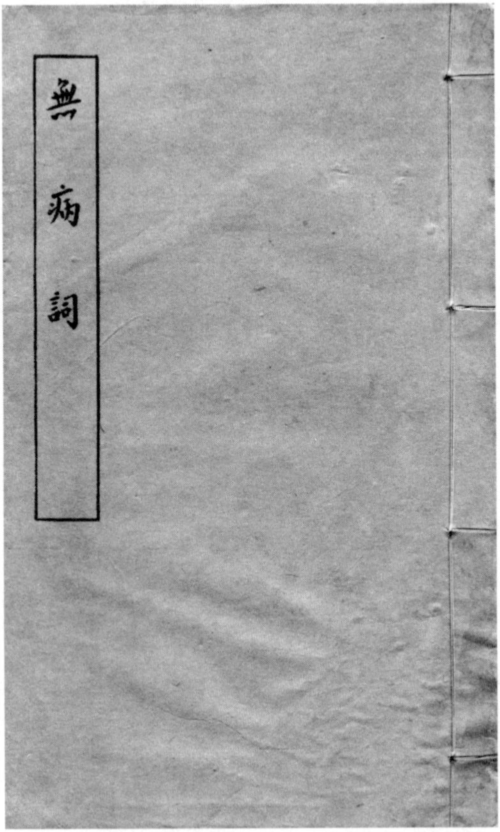

冯至题签《无病词》封面

故又终非是也”。而先生之于词则自谓“并无温、韦如何写，欧、晏、苏、辛又如何写之意”，以为“作诗时则去此种境界尚远”。故于《苦水诗存》刊出以后，先生之诗作又逐渐减少，乃转而致力于戏曲，两年后（1936年）遂刊出《苦水作剧》三种，共收《垂老禅僧再出家》《祝英台身化蝶》《马郎妇坐化金沙滩》杂剧三种及附录《飞将军百战不封侯》杂剧一种。先生既素以词名，故其剧作在当日并未引起广大读者之注意。然而先生在杂剧方面之成就，则实不在其词作之下。原来先生在发表此一剧集之前，对杂剧之写作亦曾有致力练习之过程。盖早在1933年间，先生即曾写有《馋秀才》之二折杂剧一种，其后于1941年始将此剧发表于《辛巳文录初集》之中，并附有跋文一篇，对写作之经过曾经有所叙述，自云此剧系1933年冬“开始练习剧作时所写”。其后自1942年开始，先生又致力于另一杂剧《游春记》之写作，此剧共分两本，每本四折外更于开端之处各加“楔子”，为先生所写之杂剧中最长之一种，迄1945年始正式完稿，刊为《苦水作剧》第二集。当先生之兴趣转入剧曲之写作时，曾一度欲停止词之写作，在其《留春词》之“自序”中，即曾写有“后此即有作亦断断乎不为小词矣”之语。然而先生对词之写作则实在不仅未尝中辍，而且在风格及内容方面更曾有多次之拓展及转变。先是在1935年冬，先生于病中曾写有和《浣花》词五十四首，其后于1936年又陆续写有和《花间》词五十三首，和《阳春》词四十六首，统名之曰《积木词》（此一卷词未曾见有刊本问世，今所收存为我于1946年时自先生手稿所转抄者）；

其后先生于1941年又曾刊有《霰集词》一册，收词六十六首，1944年又曾刊有《濡露词》及《倦驼庵词稿》合刊本一册，共收词三十二首；新中国成立后，先生亦写有词作多首，曾陆续发表于天津之《新港》杂志及《天津日报》等报刊，总其名为《闻角词》，然未尝刊印成册。计先生平生虽然对于古典诗歌中诗、词、曲三种形式皆尝有所创作，然而实在以写词之时间为最久，所留之作品亦最多，曲次之，诗又次之。

先生词作中之思想性和艺术性

关于先生的词作，我想分为思想性和艺术性两方面来加以讨论。先谈思想性方面。自1927年先生刊出其第一册词集《无病词》开始，至1960年先生逝世前发表之《闻角词》为止，前后计有三十余年之久，共写词有五百余首之多。在此极长之时间与极多之作品中，先生既曾经历北伐、抗战、沦陷、胜利以迄解放多次之世变，又曾经历由青年而中年而老年之人生各种不同之阶段，则其词作之思想性的内容，自然曾有多次之转变，如果自其变者而观之，则其感时触物、情意万殊，自非本文之所能遍举，而如果自其不变者而观之，则先生词作之思想性的内容，大约可以简单归纳为以下几点特色。第一点，我们要提出来的是先生之词作往往含有对时事之感怀及喻托。先生在其《荒原词》之卷末附有自题词集之绝句六首，其中一首有句云："禽鸣高树虫啼秋，时序感人不自由。少作也知堪毁弃，逝波谁与挽东流。"其所谓"感人"的"时序"和"东流"的"逝波"，所指的应该便是他自己早期词作中对当时世事有所感怀的用心和托意。先生之《无病词》刊于1927年，《味辛词》刊于1928年，《荒原词》刊于1930年，只要是对于中国近代史稍有了解的人，大概都可以想象得到当日的中国是处于怎样的动乱之中。先生在当时对于革命之理想虽然尚未有明确之认识，然而其忧时念乱的爱国之感情却是经常流露于笔墨之中的。例如其《无病词》中的“中原却被夜深埋，那更秋风秋雨逐人来”（《南歌子》），“江南江北起烟尘，风力猛，笳声动，落日无言天入梦”（《天仙子》）以及“栏干倚遍，但心伤破碎河山”（《汉宫春》）诸作品，其所表现的对于国事的悲慨是明白可见的；及至《味辛词》中，如其“湖边血痕点点，更血花比著暮霞红”（《八声甘州·哀济南》）以及“不道好山好水，胡马又嘶风，地下英灵在，旧恨还重”（《八声甘州·忽忆历下是稼轩故里因再赋》）诸作品，所表现的则是对于当年所发生的济南惨案的悲哀愤激的感慨。及至抗战兴起以后，先生身陷于当时为日军所占领的北平，在这一时期中，先生曾写了不少以比兴为喻托而寄怀故国之思的作品，如其《霰集词》中之“漫写瑶笺寄远方”（《南乡子》）以及“渺渺予怀水一方”（《南乡子》）等句，所托喻的便都是对于故国的怀恋和思念；又如其“春风何日约重还，好将双翠袖，倚竹耐天寒”（《临江仙》）以及“蒹葭风起正苍苍，伊人知好在，留命待沧桑”（《临江仙》）等句，所托喻的是对祖国之期待盼望的坚贞的心意。这种委婉托喻的作品，其内容用意虽也是对时事的感怀，然而却与早年的悲慨激愤的风格已经有了很大的不同。及至到了新中国成立以后，先生之词的风格又发生了一次更大的转变，如其《闻角词》中的“乍云开雾敛，海滄滄，赤霞张，渐迤逦关河，雪山葱岭，共浴朝阳”一首《木兰花令》是为第一届全国人民代表大会而写作的；又如其《玉楼春》一首之“河流让路天低首，人力胜天凭战斗”，则是为庆祝全国丰收而写作的。这些词中所表现的欢欣颂愿的情意，是先生以前的作品中极为少见的，不过其风格情调虽有不同，而其为关怀国事的有心用意之作，则是始终一致的。

第二点我们所要提出来的，则是先生在词作中往往表现出一种对于苦难之担荷及战斗的精神。一般说来，先生在词作中虽也经常写有一些自叹衰病之语，这可能是因为先生的身体一向多病的缘故，而其实在精神方面先生却常是表现有一种积极的担荷及战斗之心志的，从先生早期的作品，如其《无病词》中的“何似唤愁来，却共愁撕打”（《蓦山溪》）与《味辛词》中的“人间事，须人作，莫蹉跎”（《水调歌头》）等句，便可以看到这种精神的流露。而到了《荒原词》中，这种精神和心志则表现得更为鲜明和强烈。如其《鹧鸪天》（说到天涯自可哀）一首之“拼将眼泪双双落，换取心花瓣瓣开”，《踏莎行》（万屋堆银）一首之“此身判却似冰凉，也教熨得栏干热”，《采桑子》（如今拈得新词句）一首之“心苗尚有根芽在，心血频浇，心火频烧，万朵红莲未是娇”，便都是极好的例证；而其《鹧鸪天》词之“说到人生剑已鸣。血花染得战袍腥。身经大小百余阵，羞说生前死后名。　心未老，鬓犹青。尚堪鞍马事长征。秋宵月落银河暗，认取明星是将星”一首，则尤其是把这种担荷及战斗之心志表现得最为完整有力的一篇代表作。其后在沦陷时期中，先生则把这种担荷战斗的精神心志与比兴喻托相结合，用最委婉的词语，表现了一种对故国怀思期待的最坚贞的情意，而在新中国成立后所写的《闻角词》诸作中，则又将此种精神心志转为了奋发前进的鼓舞和歌颂。从外表看来，其内容情意虽然似乎曾经有多次的转变和不同，然而其实就精神方面言之，先生之具有对苦难之担荷及战斗的精神心志，则也是始终一致的。

第三点我们要提出来的则是先生在词作中常表现有一种富于哲理之思致。一般说来，在中国古典诗歌之传统中，词之为体原来大多皆以抒情为主。间有用心托意之作，所写也不过是家国之思、穷通之慨，至于如西方文学中之以诗歌表现某种哲理之思致的作品则并不多见。至晚清之王国维氏，因其曾经涉猎西方之哲学，所以往往以西方之哲理入词，这是一种极可注意的新开拓。先生早年既曾入北大研读西方文学，又对王国维之《人间词》及《人间词话》极为推崇，故先生亦往往好以哲理入词。不过先生之以哲理入词也有与王国维相异之处：其一，就所选用之语汇及形象而言，王国维仍多沿用旧传统之语汇和形象，而先生则往往使用新颖的语汇和形象，此其差别之一；其次，就内容情意而言，则王国维受西方叔本华厌世主义哲学之影响，故其词作中每多悲观忧郁之语，而先生则不为任何哲学家之说所局限，其所写者往往只是一种因景触物的偶然的富于哲理之思致，此其差别之二。举例而言，在先生词作中，如其《无病词》中之“为是黄昏灯上早，蓦然又觉斜阳好”（《蝶恋花》）、“人生原是僧行脚，暮雨江关，晚照河山，底事徘徊歧路间”（《采桑子》），《味辛词》中之“空悲眼界高，敢怨人间小，越不爱人间，越觉人间好”（《生查子》）、“那堪入梦，比著醒梦尤难”（《庆清朝慢》），《荒原词》中之“乍觉棉裘生暖意，阳春原在风沙里”（《鹊踏枝》）、“山下是人间，山上青天未可攀”（《南乡子》），《留春词》中之“走平沙绿洲何处，只依稀空际现楼台”（《八声甘州》），《濡露词》中之“流波止水两悠然，要与先生商去住”（《木兰花令》），《倦驼庵词稿》中之“回看来路已茫茫，行行更入茫茫里”（《踏莎行》），这些词句便都蕴涵有对景触物所产生的一种哲理之思致，而此种思致既不拘限于任何一家的哲学之说，而且更都结合着生动真切的景物之形象。除此之外，先生也常以人物之形象表现一种富于哲思之新情意，如其《荒原词》中的一首《木兰花慢·赠煤黑子》便曾写有一个煤黑子的形象，说：“豪英百炼苦修行，死去任无名。有衷心一颗，何曾灿烂，只会怦怦。堪憎，破衫裹住，似暗纱笼罩夜深灯。”又在《味辛词》中的一首《木兰花慢》（是何人弄笛）也曾写有一个深夜卖卜者的形象，说：“想身外茫茫，行来踽踽，深巷迢迢。……有谁将命运，双肩担起，一手全操？”这些作品便都不仅表现了哲思，而且也选取了旧传统中所不常叙写的人物的形象。这种富于哲思的新意境，是先生词作中另一点可注意的特色。

除去以上三点思想性方面之特色以外，先生之词作在艺术性方面也有几点值得注意的特色。首先是先生对词之写作能具有创新之精神，足以自成一种风格。关于这一点，先生自己也曾有所叙述，例如在《苦水诗存》之“自叙”中，先生即曾自言其写词时

20世纪70年代在哈佛燕京研究室

“并无温、韦如何写，欧、晏、苏、辛又如何写之意”，又在其《无病词》中先生也曾有“自开新境界，何必似花间”（《临江仙》）之语。从这些话当然都可以看出先生在词之创作方面具有一种不肯蹈袭前人的开拓创新之精神。这种独立创新之精神，一方面与先生一向论诗之主张既然彼此相合，另一方面与先生学词之经过也有相当密切之关系。先从论诗之主张一方面来谈。先生讲课时一向主张创作时应当有独立创新之精神，经常在讲课中勉励同学说：“丈夫自有冲天志，不向如来行处行。”而这种开创，先生又主张当以“立诚”为本，所以先生在词之创作中的开拓创新，便也全以一己真诚之表现为主。先生在其《味辛词》中，便曾写有一首《朝中措》，自叙其为词之甘苦说：“先生觅句不寻常，一字一平章。只望保留面目，更非别有心肠。”这是先生之词所以能形成一己独立之风格的一项重要原因。再就先生学词之经历而言，先生在其《稼轩词说》之“自序”中曾叙述其早年学习诗词之经过，自谓其学诗自幼即承庭训，而学词则未曾有所师承，云：“吾年至十有五……一日于架上得词谱一册读之，亦始知有所谓词。……二十岁时，始更自学为词，先君子未尝为词，吾又漫无师承，信吾意读之，亦信吾意写之而已。”这种信意读、写的态度，很可能是造成先生之词能以自成一格的另一原因。不过更值得注意的是先生在随意读、写的经过中，原来对前代词人也曾有过广博的汲取继承，只不过先生在汲取之时并未曾落入任何一家的窠臼之中，所以才能依然保留其一己之面目。先生对其所曾经学习模仿过的一些前代词人也都曾在其词作中有所叙及。首先我们要提出来的一位前代词人是辛弃疾。早在先生第一本词集《无病词》中《蓦山溪》（填词觅句）一首之下，先生即曾自注云“述怀，戏效稼轩体”；其后在《濡露词》中更曾写有《破阵子》二首，对稼轩极致推崇仰慕之意，在第一首词中即写有“要识当年辛老子，千丈阴崖百丈溪，庚庚定自奇”之句， 仍以为未能尽意，又在第二首中赞美辛词说：“落落真成奇特，悠悠漫说清狂。千丈阴崖凌太古，百尺孤桐荫大荒。偏宜来凤凰。”其崇仰之情可以概见。原来当先生写作这二首词时，盖正当先生撰著《稼轩词说》之际，先生在《词说》之“自序”中，曾叙述其一向对辛词之喜爱，说：“世间男女爱悦，一见钟情，或曰宿孽也。而小泉八云说英人恋爱诗，亦有前生之说。若吾于稼轩之词，其亦有所谓‘宿孽’与‘前生’者耶？自吾始知词家有稼轩之其人以迄于今，几三十年矣，是之间研读时之认识数数变，习作之途径亦数数变。……而吾之所以喜稼轩者或有变，其喜稼轩则固无或变也。”从此亦可见先生对于辛词之推崇赏爱之既久且深矣。所以先生自己之为词亦颇受稼轩之影响。即以前面所举引之两首《破阵子》而言，其爽健飞扬之致，便颇近于稼轩之风格。除稼轩以外，先生在词作中所曾述及的前代词人还有以下几位：其一是朱敦儒，先生在早期之《味辛词》中之《定风波》（扰扰纷纷数十年）一首之小序中即曾有为朱敦儒词“下一转语”之言，其后在《荒原词》之《行香子》（不会参禅）一首之下亦曾自注云：“效樵歌体”；在先生晚年之《濡露词》中《清平乐》（人天欢喜）一首之下也曾自注云“早起散策戏仿樵歌体”，在这些效樵歌体之作品中，如其“不会参禅，不想骖鸾”及其“先生今日清闲，轻衫短杖悠然”诸语，其真率疏放之致，便与朱敦儒晚年作品之风格颇有相近之处。其二，我们要提出来的则是欧阳修。先生对欧词似乎也有很深的喜爱，曾经先后在《荒原词》《留春词》及《霰集词》中各写过五首至六首《定风波》词，均为效欧词《定风波》之“把酒花前”之作，共有十七首之多。在《荒原词》中的五首，前四首均以“把酒东篱”开端，末一首为总结，合为一组，全写对秋光之爱惜怅惘；在《留春词》中的六首，前五首均以“把酒高楼”开端，末一首为总结，合为一组，全写对残春之流连哀悼；在《霰集词》中的六首，前五首均以“把酒灯前”开端，末一首为总结，合为一组，全写对人生之悲慨感叹。这十七首词都写得低回往复，一唱三叹，极能得六一词之神致。其三，我们要提出来的是晏殊，先生在《荒原词》中有三首《破阵子》词，第一首题为《南园看枫》，后二首题为《次日重游再赋》，全为模仿晏殊《珠玉词》风格之作，词中且曾引用大晏之词句云“珠玉词中好句，人生不饮何为”；其后在《留春词》中之《风衔杯》（眼前风土又纷纷）一首，也曾有自注云“用珠玉词体”；更后在《濡露词》中之《浣溪沙》（一片西飞一片东）一首之前也曾有小序云“日读珠玉词及六一近体乐府，借其语成一阕”，可见先生对于晏殊也曾有过赏爱和模仿，不过一般而言，先生模仿大晏之作往往只是在字句方面用大晏之词语，而在神致情韵方面则先生仍然自有一己之面目，与大晏之风格并不尽同。其四，我们要提出来的则是柳永。先生在《留春词》中之《凤衔杯》（见说人生真无价）一首之下，曾自注云“用乐章集体”，盖为仿效柳词之通俗平易之一种风格者。其五，我们要提出来的则是周邦彦。先生在《留春词》中收有《西河》（燕赵地）一首，自注云“用清真韵”。此词在形式音律方面虽然与清真相近似，然而在神致方面则先生之率真清健与清真之典雅含蕴之风格实在并不全同。除去以上诸前代词人先生曾在词作中明白叙及有意模仿拟作者外，还有极值得我们注意的一件事，就是在1936年1月至9月之间，先生曾陆续写有《积木词》三卷，全为与古人和韵之作，首卷和韦庄之《浣花词》，次卷和《花间集》中之温庭筠、皇甫松、顾敻、牛峤、和凝、孙光宪、魏承班、阎选、尹鹗、毛熙震诸人之作，三卷和冯延巳之《阳春词》。这些与古人和韵之词，对于先生词之风格曾产生过相当大的影响。原来先生早期词作受稼轩及樵歌之影响较大，偏于发扬显露而略少含蓄之情韵，经过此一阶段对晚唐五代词之拟作，对先生旧有之风格恰好产生了一种调节融会之作用。这种作用，使先生之词于原有之率真清健之风格以外，又增加了一份深情远韵之美。又加之先生在填写《积木词》以后之次年，北平即因卢沟桥事变而沦陷于日人之手，先生既以家累之故不得不留居于沦陷区之北平，而其内心之抑郁悲慨之怀，遂皆假词之形式以抒写之。这些作品其后皆收入于1941年所刊印之《霰集词》中，其体式大率以短小之令词为主，至其内容则或者写低回怅惘的故国怀思，或者写贞幽坚毅之期望等待，而其表现则大多兴象丰融，寄托深至，既有清健之气，复饶情韵之美，是先生词作中的上品之作。如其《霰集词》中《鹧鸪天》之“不是新来怯凭栏”一首与《浣溪沙》之“又是人间落叶时”一首之写怅惘之情思，以及《定风波》之“昨夕银釭一穗金”一首与《临江仙》之“岁月如流才几日”一首之写坚贞之期望，便都是这类作品中极佳的例证。至于先生在晚年所写的《闻角词》，则似乎又有返回于早年之率真豪健之意，不过其发扬开阔之气与夫欢欣鼓舞之情，以及其作品中对于新生事物之歌颂赞美，则皆为早年词作中之所未有。综观先生词之风格，盖能于自辟蹊径之中兼融前代词人各家之长而又能随时代以俱进者。这是先生之词在艺术风格方面一项可重视的特色。先生在其《积木词》之卷末曾附有自题词集的六首绝句，其最后一首即曾云：“人间是今还是古，我词非古亦非今，短长何用付公论，得失从来关寸心。”这首诗就恰好说明了先生写词之融汇古今、自辟蹊径的态度和风格之特色。

其次，再就先生在艺术手法方面之表现而言，则我们大约可将之分别为用字、结构与意象三点来加以讨论。先谈用字方面之特色，先生既富于独立创新之精神，又对西方文学有相当之素养，是以先生之词作往往能结合雅俗中外之各种字汇做融会之运用。例如其《无病词》中《蝶恋花》（昨夜宿酲浑未醒）一首中之“爱神烦恼诗神病”之句；《味辛词》中《清平乐》（晕头胀脑）四首中之“镇日穷忙忙不了”与“磨道驴儿来往绕”诸句；《荒原词》中《凤栖梧》（我梦君时君梦我）一首中之“别来可有新工作”，

《踏莎行》（当日桃源）一首中之“乐园如不在人间，尘寰何处寻天国”诸句；《留春词》中《浣溪沙》（青女飞霜斗素蛾）一首中之“试把空虚装寂寞，更于矛盾觅调和”，《好女儿》（地可埋忧）一首中之“象牙塔里，十字街头”诸句，便都是这种对于雅俗中外之字汇加以融会运用之最明显的例证。再就结构方面之特色而言，先生在句法及章法方面最喜用层转深入与反衬对比及重叠排偶之手法，以造成一种在艺术传达方面特别加强之效果，如其《无病词》中《好事近》（几日东风暖）一首中之“甚春深春浅”与“说春长春短”，《定风波》（口北黄风塞北沙）一首中之“归去，可怜归去也无家”，《采桑子》（一重山作天涯远）一首中之“君住山前，侬住山间，山里花开山外残”诸句；《味辛词》中《生查子》（身如入定僧）一首中之“越不爱人间，越觉人生好”，《减字木兰花》（狂风甚意）一首中之“老怕风多嫌雨少，雨少风多，无奈他何一任他”诸句；《荒原词》中《南乡子》（三十有三年）一首中之“山下是人间，山上青天未可攀”，及所附《弃余词》中《最高楼》（携手去）一首中之“相见了，相思依旧苦；离别后，离愁何日诉”诸句；《留春词》中《忆秦娥》（黄昏时）一首中之“人间无复新相知，人生只合长相思”，《踏莎行》（百战归来）一首中之“为君重爇少年心，为君重下青春泪”诸句；以及《霰集词》中《灼灼花》（不是昏昏睡）一首中之“纵相逢已是鬓星星，莫相逢无计”，《濡露词》中《鹧鸪天》（谁识先生老更狂）一首中之“今年都道秋光好，好似春光也断肠”，《倦驼庵词稿》中

《踏莎行》（天黯如铅）一首中之“回看来路已茫茫，行行更入茫茫里”诸句，便都是这种层转深入与反衬对比及重叠排偶等艺术手法的明显运用。

再次，我们再就先生词作中所使用之形象而言，在中国诗歌之旧传统中，一般多将形象与情意之关系简单归纳为比兴两类，或者因情及物，或者由物生情，总之凡情意之叙写多以能结合形象可以予读者直接感受者为佳。先生之词，如我们在前文讨论其思想性内容时之所叙及，其作品中原来常包含有对于当时世事、个人心志及人生哲理多方面之含蕴，是其所作原多偏于有心用意之作，而凡此种种情意，先生往往多能用比兴之手法假形象以为表达，故其所作既在思想性方面有丰富之内容，同时在艺术性方面亦表现有丰美之形象。至于其形象之所取材则或者取象于大自然之景物，或者取象于人事界之事象，或者取象于想象中之幻象。至其表现，则或者用比的手法以为拟喻，或者用兴的手法取其感发，皆能随物赋形，有极生动与极真切之表达。本文在此不暇做细密周至之分析，现在仅想就其形象与情意相感发、相结合之几种不同之方式及层次略做简单之介绍：其一是以写眼前大自然之景物形象为主而表现有一种感发之情趣者，如其《无病词》中《一萼红》（静无尘）一首对新荷之描写，“静无尘。乍湿云收雨，远树带斜曛。木槿飘零，紫薇开罢，半池秋水粼粼。西风里，金销翠贴，剩几朵留与看花人。夜月欺风，朝阳羞露，尽够销魂”，《浣溪沙》（咏马樱花）一首之“一缕红丝一缕情，开时无力坠无声，如烟如梦不分明”，《味辛

1991年当选加拿大皇家学会院士

词》中《蝶恋花》（独登北海白塔）一首之“我爱天边初二月，比著初三，弄影还清绝。一缕柔痕君莫说，眉弯纤细颜苍白”，《荒原词》中《清平乐》（故人好意）一首之“黄华好似前年，折来插向窗间，窗外一株红树，教他与我同看”，诸词中所写之形象皆为眼前大自然之景物，而莫不鲜明生动、情趣盎然，极富感发之力量。其二是所写虽亦为眼前之景物，然而其所传达者却不仅只为一种感发之情趣，更且寓含有较深之情意及思致者，如其《无病词》中《踏莎行》一首之“岁暮情怀，天寒滋味，他乡又向尊前醉。路灯暗比野磷青，天风细碾黄尘碎”；《味辛词》中《汉宫春》一首之“底事悲秋，试倚楼闲眺，一院秋光。牵牛最无气力，引蔓偏长。疏花数朵，待开时、又怕朝阳。浑不似、葵心向日，一枝带露娇黄”；《荒原词》中《鹊踏枝》一首之“过了花期寒未退。不见春来，只见风沙起。乍觉棉裘添暖意，阳春原在风沙里”，诸词所写之形象，虽亦为大自然之景物，然而却都蕴涵有更深一层之情意和思致。如果将此一类词中之形象与前一类词中之形象相比较，则我们大概可以做如下之区分，即前一类形象仍以写物为主，其情趣亦不过为外物所偶然引发之感受及情趣而已；而后一类形象已经不完全以物为主，而是心与物之一种交感的呈现，是心中早隐然有某一份情意及思致，不过偶然为物所触发遂不知不觉将此种情意融会于物象之中，成为一种心物交感的流露。至于第三类则是全然以心中之情意思致为主，不必实在有外物形象之触发，而由心自己创造一种形象以为表现者，如《霰集词》中《虞美人》一首之“去年祖饯咸阳道，斜日明衰草。今年相送大江边，霜打一林枫叶晓来寒。深情争供年年别，泪尽肠千结。明春合遣燕双飞，夹路万花如锦送君归”，便是全以形象喻写在沦陷区中对故国之怀思者；又如《霰集词》中《临江仙》词之“记向春宵融蜡，精心肖作伊人。灯前流盼欲相亲。玉肌凉有韵，宝靥笑生痕。　可奈朱明烈日，炎炎销尽真真。也思重试貌前身。几番终不似，放手泪沾巾”一首，则是全以形象喻写一种对于理想之追求及幻灭之悲哀者；再如《味辛词》中《鹧鸪天》咏佳人的四首词，每首都以“绝代佳人”开端，则完全是以“佳人”之形象来发抒其“美人香草”之幽约悱恻之思者。像这些词中的形象，无论其所写者为“咸阳道”，为“大江边”，为“灯前”之“玉肌”“宝靥”，为“倚楼”“倚栏”之“绝代佳人”，都并非眼前实有之景象，而完全出于一种假想之象喻，是将抽象之情思转化为具体之形象来加以表现者。以上三类，虽是极概略的区分，但却分明代表了形象与情意相结合的几种最基本的方式和层次。先生对之皆有纯熟之运用。这种艺术的表现手法，正是使得先生之词虽以有心用意为主，然而不失之于枯窘，而往往能写得既活泼清新又富于深情远韵的重要原因。

先生作词赏析举隅

晚唐的温庭筠写的词，是给歌女写的歌词，他以一个女子的口吻写女子的歌词的时候，写出来某一种女子的感情，而里边也包含了他自己潜意识之中的自己的感情，因此使小词具含了一种可能的潜在的作用，男子透过一个女子的口吻把日常不敢说的话表现出来了。这样的词在中国传统上认为是好词，因为它意义更丰富，给读者更多想象的余地。

一千多年前的人是写这样的词。现代人写现代人的生活和感情，是不是也可以用词这样的文学体裁？是不是也可以用词来表达现代人的感情呢？我现在要给大家看几首词，我所选的是我的老师顾随先生的作品。我们现在先看他的一首小词《鹧鸪天》：

不是新来怯凭栏，小红楼外万重山。自添沉水烧心篆，一任罗衣透体寒。　凝泪眼，画眉弯。更翻旧谱待君看。黄河尚有澄清日，不信相逢尔许难。

《鹧鸪天》不是题目，是乐调的名字。首句“不是新来怯凭栏”的“凭”，文集印书者以为是这个“凴”，靠的意思。可是他原来的稿子是这个“凭”，这两个字可以相通，但为什么我要坚持这个“凭”呢？因为“凴”只有一个读音，文凴、凴什么；“凭”有两个读音，可读平声，可读仄声，而在词的调子里，都有平仄声的调谱。中国文字单音节单形体，可是它有抑扬起伏，音乐性是非常丰富的，在这句词里，此处应读仄声，所以不是这个“凴”，这个“凴”不能读仄声。

这首词写的是什么意思呢？我国古代孟子说：“诵其诗，读其书，不知其人可乎？是以论其世也。”（《万章下》）读一个人的作品，应该知道他所处的时代，应该知道他是一个怎样的人。我是1941—1945年跟随顾随先生读书的，那是一个什么时代？那是抗战的后四年，是最艰苦的一段时间。我们辅仁大学的老师都是对祖国有很深厚的感情的，国家、民族的观念很强，有的老师冒着危险到后方去了，有的在沦陷区从事地下工作。顾随老师有忠贞的爱国情操，但他没有到后方去，那是因为他有六个小孩儿，他没有办法放弃他做父亲的责任，他的妻子又是一个没有工作能力的人。他在沦陷区，把他对国家、民族的情感，内心的抑郁悲慨的情怀，都写进这些小词里了。温庭筠的词透过字面能使读者有一个深层的联想，可他自己不一定有那个意思。我的老师顾随的小词，他是否曾有心放进去一些深层的意思或是无心的呢？我们若想做出判断，若想欣赏解说中国的古典诗词，要对中国的文字有很敏锐的感受和分析的能力。

先看开端两句：“不是新来怯凭栏，小红楼外万重山。”中国的旧诗词之所以妙，就是因为它能在那么简单的、那么短的篇章里面，表达那么丰富的、那么深厚的意思。“凭栏”，靠在栏杆旁边。我现在先引用一个西方理论。有一位很摩登的西方学者，名叫玖利亚·克利斯托娃（Julia Kristera），一个非常出色的女学者，生在保加利亚，在法国拿到学位，她有多方面的语言能力，而且阅读范围非常广泛，她提出一个说法，即“互为文本”，当一个“文本”出现时，从一个“文本”可以联想到很多“文本”，所以叫“互为文本”。其实，这在中国过去，老早已经注意到了，虽然我们没有这个批评术语。但给李白诗作注解的，给杜甫诗作注解的，常注明许多出处和典故，说这两个字古人什么人什么人用过，给你丰富的联想，你可以看到一个语汇联想到古人一连串的诗歌。这是因为古人在写作时，他本来就阅读过那些作品，所以他这样用是带着这个联想用出来的，你没有这个联想，所以你读不懂，这是你对不起作者。“凭栏”，表面只写一个人靠在栏杆上，但内容深意却没这么简单。不知大家是否联想到了李后主的一首《浪淘沙》？其中有“独自莫凭栏，无限江山，别时容易见时难”几句。那是李后主亡国以后的作品。那么我老师的这首《鹧鸪天》是在什么地方什么时候写的呢？是在沦陷区写的，在抗战的后四年最艰苦的时期，他的多少好朋友有的被捉进日本宪兵队关起来了，有的已经离开沦陷区到后方去了，而他自己由于家累还留在沦陷区，自己的国家、国土沦陷在敌人铁蹄践踏之下。李后主“凭栏”看到的是“无限江山”，杜甫的《春望》说“国破山河在”，难道凭栏看到的不是我们祖国的山河？这万里江山不是我们祖国的江山吗？李后主说“莫凭栏”，老师说“怯”，怯是害怕，害怕去靠近栏杆，因为一靠近栏杆看到的就是我们祖国的大好河山而现在为什么处处招展着太阳旗呢？他说“我”“不是新来怯凭栏”，不是真的害怕栏杆的危险，才不肯到栏杆旁边去。那是为什么？是“小红楼外万重山”，“我”住的这个小红楼外有万水千山——这正是李后主所说的“独自莫凭栏”，因为栏外有“无限江山”——那是我们祖国的大好河山，“我”一靠近这栏杆，就想到我们的沦陷，想到大好江山被敌人占领的悲哀和苦难。下面“自添沉水烧心篆”一句，心篆是一种篆香，篆字的香，盘成一个篆字的心字形。我们中国文字是非常美妙的、精致的，他说“我”要烧的香是篆曲的、纤细的、婉转缠绵的。什么样的篆？心字的篆。“我”自己的心是那么热烈的真诚的一份感情，“我”虽然在沦陷区，“我”每天难道能忘了我的祖国吗？所以“我”的“心篆”是燃烧的，不断燃烧的。也许你们又要问了，你这盘香烧完了还有第二盘吗？我记得四十多年前我大学毕业后不久，有一天我的亲戚请我到教会去听布道会，讲道的是一位女士，她说：“你们如果内心觉得干渴，你们到我这里来听我讲道，我给你们喝的是水，可是你们喝完了就没有了，你要从你的内心里涌出来自己的甘泉，不是向别人讨来一杯水喝，是内心涌出来的甘泉。”对祖国的爱正是内心涌出的甘泉，难道一两天、一两年就能没有了吗？“自添沉水”，“沉水”是一种香，香的气味那样的芬芳；“心篆”是香的形状，是缠绵的，是发自内心的。“自添”就不会烧完，永远在烧。因为不是别人给你添上去的，而是“我”“自添沉水烧心篆”，“我”不是今天一天要好给别人看，而是自己凭靠自己的本心要好下去，对祖国的爱凭靠自己，不假借别人的鼓励和帮助而一直延缓下去。“自添沉水烧心篆”，短短的七个字，有多么丰富的意义，多么深厚的感情！“我”的心是芬芳的、热烈的，这不是为了得到别人的欣赏和赞美。如果你的环境没有人支持你、赞美你，你的周围是寒冷的，你自己还燃烧下去吗？所以后边就说，“一任罗衣透体寒”。只要“我”心里有一片火在燃烧，不管“我”周围的环境是多么的恶劣、冷酷，“我”心头的这一点火也是不会灭掉的。而且这寒冷不只是在“我”身体之外，这寒冷一直侵袭进来，所以说“透体寒”，是寒冷直侵入到“我”的身体上来。下半首“凝泪眼，画眉弯”，在沦陷区，在苦难的环境里，为了祖国能做些什么？记得七七事变之时，我正在北平上中学，七七事变以后，学校逼迫我们去街上游行，庆祝南京陷落、汉口陷落、长沙陷落，我们祖国的城市一个个陷落了，敌人还让我们去庆祝，而南京陷落时我父亲在南京，汉口陷落时我父亲在汉口，可是敌人逼迫我们上街去庆贺我们祖国一个城市一个城市地陷落，那是一种什么样的环境啊！在这种痛苦的环境中，我们一般人常犯自暴自弃的毛病，自暴是觉得我什么都了不起，自弃是觉得我什么都不成。自暴是不对的，自弃也是不对的。在恶劣的环境里，自己就不要好了吗？你看，在“凝泪眼”的悲哀痛苦之下，接下来的是什么？是“画眉弯”。刚才讲“互为文本”，“画眉”在中国有一个传统。如果我们讲符号学，一个语言符号，当一个国家、民族使用了很久之后，这个符号已经结合在它的文化传统之中，它就变成一个代表这个传统文化的“code”（符号语码）了，可以通过它连起一大片文化联想来。“画眉”在中国文化里，在文学里，已经形成一个“code”的作用，从屈原就说“众女嫉余之蛾眉”，唐朝诗人李商隐的诗：“八岁偷照镜，长眉已能画。”总而言之，画眉在中国文学传统中是代表一个人对于自己的品德才智的美好的追求。爱美，要好，不是坏事情，就看你要的是什么美，只是涂一涂黑色和红色在脸上就美了吗？不是的，是真正心灵里你的灵魂、你的性情、你的品格是不是美。屈原用描眉来作爱美的象征，他说“余独好修以为常”。“凝泪眼”就不画眉了吗？还要画，“画眉弯”，画美丽的弯曲的眉。古人还有一句话，“兰生幽谷，不为无人而不芳”，因为香是它的本性，正如杜甫诗说“葵藿倾太阳，物性固莫夺”。要把爱美、要好变成你的本性的一部分，不是今天只在某一场合专给哪一个人看，不因环境恶劣我就不要好了。那么，画眉画什么样的眉呢？古人有“眉谱”，远山眉，八字眉，正八字眉，倒八字眉等各种眉，顾随先生说，“更翻旧谱待君看”。如果原来的主人喜欢远山眉，现在的主人喜欢八字眉，你是描远山眉还是八字眉？唐代秦韬玉的《贫女诗》说“敢将十指夸针巧，不把双眉斗画长”，近人书法家沈尹默的诗说“幽靓难成时世妆”，所写的都是不紧追那个摩登时尚，要有自己的持守。所以“更翻旧谱”，翻出来的是旧日的谱，画出来的是旧日眉谱的样子，因为以前的主人喜欢旧日的眉样。“待君看”表现的是什么？表现的是对祖国的希望和等待。这首词是我的老师在沦陷区时写的，所以有这么多的含义。我认识他，我知道他；如果我不认识我的老师，也不知道这首词是在沦陷区写的，那还有没有这些联想呢？这些联想还存在不存在呢？这首词是只在写一个美丽的女孩子还是果然有另外的寄托和含义呢？我要告诉你，尽管你不认识这位作者，你仍然可以判断，他是有言外的意思的。因为他有最后的两句——“黄河尚有澄清日，不信相逢尔许难”。黄河还有澄清的日子，这句给了我们一个暗示：因我们中国向来说天下太平是海晏河清；又说黄河三千年一清，这代表的是太平安乐的时代。所以我的老师说，难道我们祖国的破碎就永远破碎下去了吗？一定不会的，“黄河尚有澄清日”，三千年一清，不是也有一清的日子吗？“不信相逢尔许难”，“我”就不信“我”的祖国打回来会是那样困难！“我”就不相信跟“我”的祖国相逢会有“尔许”（如此）的艰难。

这是当代人用词这种形式来写当代人的感情，一样写得很好。

如果说，这是作者在沦陷区，有沦陷区这样的背景，所以他写出了这样的词，那么现代人写古典诗词，更可注意的一点是现代人把现代化的情意跟思想写进古典诗词里去了。

再看他的一首《临江仙》：

记向春宵融蜡，精心肖作伊人。灯前流盼欲相亲。玉肌凉有

1948年5月，顾随（右二）与沈从文（左三）、启功（左二）等在辅仁大学中文系办公室门前合影

韵，宝靥笑生痕。　　可奈朱明烈日，炎炎销尽真真。也思重试貌前身。几番终不似，放手泪沾巾。

如果用西方的话来说，这是一首很象征化的作品，而且整首词好似在说一个故事，一个事件，整个的故事是象征，还不是说一个语汇的象征而已。例如说松树经冬不凋是一个坚贞的象征，还不是这个意思，它是整个的，一个作品是一个象征。他写的是一个人用蜡做了一个蜡人，“记向春宵融蜡，精心肖作伊人”，记得一个晚上，“向春宵”，就是面对着那样一个春宵。中国语言是十分丰富的，有很多意思，春天，那么浪漫的、多情的、温柔的日子；“宵”，夜晚，那么安静的、沉静的时刻，常常你在白天时，有很多身外的、乱七八糟的事情，分散你的感情和你的心意，晚上的时候才能真正把你的心思集中。春天，而且是春宵，把融化的蜡“精心肖作伊人”，“精心”，是用了精微细致的心意，“肖”是像，“伊人”，那一个人，理想中的那一个人。“我”精心用蜡做了我理想中的一个人，非常美，非常真切，非常生动，而且“灯前流盼欲相亲”，深宵夜晚，所以是灯前，蜡人的眼光仿佛会流动，目光转动。眼睛是人的灵魂，眼睛像活了一样，能流动，似乎是在多情地看着“我”，而且表示了这么亲切的感情。“玉肌凉有韵”，摸一摸蜡人的肌肤，那么清凉润滑；“宝靥”是腮边，美丽的腮边好像在微笑，而且有一个浅浅的酒窝的痕迹。“宝靥笑生痕”，写得这么生动，这么真切，这么美丽。这是上半首。下半首的“不奈朱明烈日，炎炎销尽真真”，把情景突然改变了。无可奈何，又红又亮又热的像火一样燃烧的太阳晒在这个蜡人身上，“炎炎”像火一样，“真真”，是古人对所爱的人的一个称呼，“销尽”，把所爱的蜡人完全融毁了。“也思重试貌前身”，“我”也想重新试一试，努力去再做一个蜡人，这个“貌”是个动词，杜甫有咏图画的诗“貌得山僧与童子”，“貌”是做出一个像来。就想做出一个以前那么美的人，可是“几番终不似”，试了多少次，再也做不出先前所做的那么美丽的一个蜡人，“放手泪沾巾”，只好放下手，流下泪来。有很多人年轻时有一个理想、一个梦想，后来被现实给毁了，你再想完成它再也完成不了了。整个这首词全以形象喻写这么一种对于理想的追求及幻灭的悲哀。这是一种很现代化的感情，也是一种用了很现代化的手段、写法来写的一篇作品。

本来，中国古典诗词有悠久的历史传统，从先秦两汉魏晋南北朝到唐宋元明清，不断地在演进变化之中。在晚清的时代，当我们自己的东方文化接受了西方文化的时候，在我们古典文学领域里，也引起了一种冲击和波动，当这个冲击波动开始以后，所形成的发展方向有两个：一个是用旧的形式写新的思想，一个是把新的名词用到旧的古典诗歌里去。当时作这样尝试的有两个很有名的人，一个是黄遵宪，他有《人境庐诗草》。他曾去国外，做驻外公使，所以他的诗写美国的大选，用了很多新名词在里面。还有一个就是王国维，他曾读过康德、叔本华的哲学，他把很多西方哲学思想放在旧体诗词里，形式是用的旧的，但思想是新思想。我的老师在王国维以后，也是一个尝试把新的思想、新的形式、新的语言放进旧体诗词里的一个作者。

我的老师的一首《木兰花慢·赠煤黑子》便是写了一个“煤黑子”的形象，煤黑子是旧日北方冬天送煤的人，用驴车拉煤运煤，这个题材是古人没写过的，是一种新鲜的题材，选取了旧传统中所不曾叙写过的人物形象。这是新的题材、新的内容。而他的《鹧鸪天·佳人》四首，都是写美人的，是旧的题材，可是旧的内容有新的意思。《佳人》四首都是象征的，是以“佳人”的形象来发抒“美人香草”的幽约悱恻的情思，用一个美丽的女子来象征一种美丽的品格和修养，那“倚楼”“倚栏”的“绝代佳人”，都并非眼前实有的景象，而完全出于一种假想的象喻，是将抽象的情思转化为具体的形象来加以表现的。

周作人题签《苦水诗存》

先生前后二期诗作之简介

至于先生之诗作，则可以分别为前后二期言之。前期之作自以收入《苦水诗存》中之八十四首为代表，后期之作则未尝加以收编，先生自己对早期之诗作颇不满意，在其《苦水诗存》之“自叙”中，先生曾自云：“余之不能诗，自知甚审，友人亦多以余诗不如词为言。”且曾引述其稚弟六吉之语，以为所作诗“未能跳出前人窠臼”。盖先生之词作无论在修辞及意境方面，皆极富于开拓创新之精神，充满活泼之生命感，而先生早期之诗作则往往不免有两种缺憾：或者过于用心着力有意模仿古人而少生动之气韵，或者虽有生动之气韵而又往往失之靡弱有近于词之处。如其《夜读山谷诗》一首七律之中二联“江南塞北同一月，万古千秋只此身。试遣泥牛入大海，从知野马是微尘”，即为有心模拟江西诗派之作品，可为前一类之代表；又如其《从今》一首七律之颈联“逝水迢迢悲去日，横空冉冉爱痴云”二句，清新婉丽，气韵生动，然而却不免稍嫌靡弱，可以为后一类之代表。据先生之“自叙”，其致力于诗之写作，亦复既勤且久，而其成就乃竟尔不及其词。先生尝自云其为词时“并无温、韦如何写，欧、晏、苏、辛又如何写之意”，而其为诗，则常不免有模拟古人之念横亘胸中。故先生又尝自谓“惟其学故未必即能似，即其似故又终非是也”。夫以先生在词作中所表现之开拓创新精神之健举发扬，何以方其为诗之时乃竟为古人之所羁缚，或者竟流入于词之风格而不能更有所振发突破？其所以然者，私意以为大约由于以下之二种因素：其一，盖由于学习之过程不同。据先生自言，其为诗乃全出于幼年时受其父金墀公之教导；而其为词则全出于一己之爱好及学习。据先生幼女顾之京君之叙述，知金墀公课子甚严，常将先生拘缚于书桌之前，不使嬉游，此种严苛之督导，或者曾使先生在学习中产生一种紧张之心理，此可能为先生之诗作常不免有拘缚着力之感之一因。其二，则可能由于才性长短之不同。盖诗与词之体式风格各异，诗较典重，词较活泼，以诗句入词，尚不失凝练之美，而以词句入诗，则常不免有靡弱之病。是故历代之能诗者往往亦可以兼长于词，而以词专擅者，则未必能兼长于诗。即以词中之巨擘辛弃疾而言，其所为诗亦复不及其词甚远。此盖由才性之禀赋不同，故其所长所短亦各有能有不能也。

然而先生在其后期之诗作中，则曾经以多年所积之学养，终于突破前所叙及之两种缺憾，而表现出相当可观之成就。如其《和陶渊明饮酒诗》之五古二十首，《赠冯君培先生夫妇》之五律四首，以及自1944—1948年间所写之七言律绝多首，便都各有其足以超越早期作品的专胜之处。综而言之，其后期作品之成就大约有以下几点之特色。其一，由于写作之修养日深，遂自拘谨生硬转而为脱略娴熟，如其《晚春杂诗》及《春夏之交得长句数章》的两组七言绝句，便都能于疏放中表现深蕴之致，极为老练纯熟。又如其《赠冯君培先生夫妇》之五言律诗四首，则更能于脱略娴熟之中寓托感怀时事之深意。此四诗盖写于1947年之秋，诗前有长序云：“秋阴不散，霖雨间作，一日午后，往访可昆、君培伉俪于沙滩寓所，坐至黄昏，复蒙留饭，纵谈入夜，冒雨归来，感念实多。年来数数晤对，留饭亦不可胜计，而此次别来已一星期，仍未能去心，自亦不解其何因。今日小斋坐雨，乃纪之以诗，共得短句四韵四章，即呈可昆与君培。私意固非仅识一时之鸿爪而已，谅两君亦同此感”。诗中之句，如“途长叹才短，语罢觉灯明”，“云压疑天矮，雨疏闻地腥”及“人终怜故国，天岂丧斯文”诸联，莫不属对娴熟、疏放自然。此种成就之达致，除因其长久写作之修养以外，盖更有对于赠诗之对象之一份故人知己之感，而且自其写诗之时代及诗前之长序所隐约喻示的含意观之，意者先生当日与冯先生夫妇之所“纵谈”者，或不免有涉及当时政局之语，故先生序中乃谓此四章诗，“固非谨识一时之鸿爪而已”。是以诗句中亦往往于脱略娴熟之声吻中，别含感慨沉郁之意，这是先生后期诗作可注意的成就之一。再则，先生阅世既久，思致日深，因之乃能将情感与思致及议论互相交融成为一体，如其《和陶渊明饮酒诗》二十首五古，便时时有精警之句，而又极为朴质自然，深得陶诗之意致。如其第五首“显亦不在朝，隐亦不在山。拄杖街头过，目送行人还。所思长不见，默默亦何言”，第十首之“藐姑射之仙，绰约若有余。苟能得其意，此世良可居”，第十四首之“振衣千仞岗，出尘安足

1949年6月，辅仁大学校务委员会成立，顾随（后排左一）当选为委员

贵。谁与人间人，味兹人间味”，第十七首之“耻作鸟兽徒，甘落尘网中”，第十九首之“知足更励前，知止以不止”诸诗句，便都是这一类情思与议论交融，充满精警之意而又写得极为朴质自然的诗句的代表，这是先生后期诗作中第二点可注意的成就。三则，先生写作表达之力既已臻于极为纯熟之境，故其用心着力之处，已能变生硬为矫健，而尤以七言律诗中之二对句，最能表现其健举之致，如其《开岁五日得诗四章》中之“高原出水始何日，深谷为陵非一时。故国旌旗长袅袅，小园岁月亦迟迟”与“重阳吹帽识风力，五月披裘非世情。云路还输远征雁，星光自照暗飞萤”诸句，便都能于七律常格之靡弱与江西派之生硬以外别具健举的笔力，是先生后期诗作中之另一点可注意的成就。是则吾人固不可因其早年在《苦水诗存》之“自叙”中有“诗不如词”之一语，便对先生之诗作遽尔加以忽视也。

先生剧作中之象喻意味

先生共写有杂剧六种，即《馋秀才》《再出家》《马郎妇》《祝英台》《飞将军》与《游春记》。第一种《馋秀才》仅有二折，写于1933年，据先生跋文自言，此剧乃“开始练习剧作时所写”，其后编订剧集时，并未将此剧收入，因此我在本文所讨论者，便将只以两本剧集为主。如果就这两本剧集而言，我以为先生之最大的成就是使得中国旧传统之剧曲在内容方面有了一个崭新的突破，那就是使剧曲在搬演娱人的表面性能以外，平添了一种引人思索的哲理之象喻的意味。这种开始，就先生而言，并非只是一种偶然的成就而已，而是有着深思熟虑之反省和用心的结果。本来就中国旧日之剧曲而言，元明两代之杂剧与传奇，其作者虽多，作品虽众，然而却因为受到当时历史及社会背景之种种限制，以致其文辞虽偶然亦有可观之处，然而其内容则大多以表演故事及取悦观众为主，极少如西洋戏曲之富于深刻高远之哲思者。王静安先生在其《静安文集续编》之“自序二”中，就曾提出说：“吾中国文学之最不振者莫戏曲若，元之杂剧，明之传奇，存于今日者，尚以百数，其中之文字虽有佳者，然其理想及结构，虽欲不谓至幼稚至拙劣不可得也。”王氏之所以有此看法，主要是因为王氏有见于西方文学中之戏剧方面之成就之伟大过人，相形之下便感到中国戏曲在内容方面之浅陋空乏，于是王氏便也曾一度有志于戏曲之创作。诸凡此意，王氏在其《文学小言》及《自序》诸文中皆曾屡屡言及，只可惜王氏虽有从事戏曲创作之意愿，然而却并未能将之付诸实践，而王氏所未曾完成之意愿，却在先生之手中真正获得了完成。先生在其《游春记》杂剧之“自序”中，也曾致慨于中国旧日戏曲内容之无足取，说：“从事剧曲者，率皆庸凡、肤浅、狂妄、鄙悖。是以志存乎富贵利达者，其辞鄙；心系乎男女风情者，其辞淫；意萦乎祸福报应者，其辞腐；下焉者为牛鬼，为蛇神，为科诨，为笑乐，其辞泛滥而无归，下流而不返。”从羡季师对旧日戏曲之严格的批评来看，可知羡季师对自己所创作之戏曲，必然含有严格的要求和理想，这是我们所可以断言的。因此下面我们便将对先生的两本剧集做一番较详细的探讨和介绍。

先生之第一本剧集《苦水作剧》三种及附录一种，共收有杂剧四本，为了便于以后之讨论起见，我们不得不在此先对此四本剧曲之内容略做简单之说明：第一本“题目”为“继缘和尚自还俗”，“正名”为“垂老禅僧再出家”，故事内容主要写一和尚名继缘者，在大名府兴化寺出家，因有一乡亲名赵炭头者为梨园行之净色，携其妻子什样景卖艺至大明府，不幸染病卧床，继缘和尚常往看顾，并以钱米相资助。其后赵炭头病殁，临危之际，以其妻托于继缘和尚，及赵炭头殁后，继缘初不肯与什样景结为夫妇，但仍常往探问以钱米相助，什样景责其救人不肯救彻，遂终于结为夫妇，并育有一男一女。其后二十年儿女俱已成长，什样景染病而殁，继缘和尚遂再度出家。第二本“题目”为“碧窗下喜共读，绿水边愁送别”，“正名”为“梁山伯墓生花，祝英台身化蝶”，内容写祝英台与梁山伯原有指腹为婚之约，其后梁生落魄，祝父悔婚，而英台则因曾与山伯共读互生情愫，其后祝父迫英台改嫁，山伯病死，当英台被迫嫁往马家途中经山伯墓前见墓上有红花，英台亲往摘取，山伯墓爆裂，英台跃入墓中殉死，其后魂魄双双化为蝴蝶的故事。第三本的“题目”为“柏林寺施舍肉身债”，“正名”为“马郎妇坐化金沙滩”。故事内容为延州人民不识大法，堕落迷网，有马郎妇者誓愿舍肉身为布施以渡化众生，而当地诸长老以之为淫妇，迫逐之使去，马郎妇于临行前遂坐化于金沙滩上。第四本附录一种，“题目”为“困英豪弓矢空射虎，逞威势衣冠赛沐猴”，“正名”为“灞陵尉临阵先破胆，飞将军百战不封侯”，故事内容写汉武帝时将军李广罪免家居，时往南田山中射虎，一夕见巨石，以为虎也，射之，中而没羽，又曾醉归为灞陵尉所辱，虽多次与匈奴战而终身无功的故事。先生在每本杂剧之后皆附有跋文，记叙故事之所出及写作之经过。除了《祝英台》剧之出于民间流行之故事及《飞将军》剧之出于《史记》之《李将军列传》较为众人所熟知以外，至于其他二剧，则《再出家》之故事盖出于宋洪迈《夷坚志》之《野和尚》条，《马郎妇》之故事则出于明梅禹之《青泥莲花记》。不过先生所采用者实在仅不过为故事之梗概而已，至于详细之关目情节则皆出于先生自己之创造，与原来之故事亦多有不尽相合者。本来元人杂剧之本事亦往往取材于旧史及说部而加以增删和演义。自其表面观之，则先生剧作之取材与元杂剧之取材实在极为相似，不过事实上其间却有一点绝大的不同之处，盖元剧之所写者无论其与原来之本事之是否相同，总之其写作之目的多不过仅为搬演之际可以取悦于观众而已。而先生之所写则并非仅为搬演，而同时也为阅读之戏剧，其目的并不在于搬演一个故事，而是要借用搬演故事之剧曲，来表达对于人生之某种理念或思想。这种写作态度，无疑受有西方文学很大的影响。先生在其《游春记》一剧之序文中，便曾经赞美古希腊之普拉美修斯一剧（*Prometheus Bound*）说："其雄伟庄严，只千古而无对，而壮烈之外加之以仁至义尽，真如静安先生所云'有释迦、基督担荷人类罪恶之意'。"从这一段话来看，则先生自己在剧作方面的理想，也就可以想象而知了。

在《苦水作剧》三种及附录一种之剧集中，如果就其内容用意言之，则最容易使人将其中之含意认识清楚的，实在是取材于《史记》的《飞将军》一剧，这本杂剧主要是借着"飞将军百战不封侯"的故事写一个失意的将军，空有着杀敌的本领却一直未能得到杀敌之机会的命运之悲剧，我们现在就把其中最值得注意的曲子抄录下来一看。

第一折之［油葫芦］云：

沈兼士题签《苦水作剧》

得志的儿曹下眼看，分什么愚共贤，金章紫绶更貂蝉，马头一顶遮檐儿伞，乔躯老直走上金銮殿，没学识，没忌惮，老天你好容易生下个英雄汉，却怎生觑得不值半文钱。

第四折之［大石调六国朝］云：

粘天衰草，动地胡笳，积雪压穹庐，寒冰凝铁甲。虎瘦雄心在，听冬冬更鼓初挝，月上夜光寒，映鬖鬖将军白发。谁承望封侯万里，堪怜早六十年华，还说甚杀敌虏名王，空只是临风嘶战马。

前一支曲子写一些不学无术的人们都得到了高官显爵，而真正有杀敌本领的英雄却被投闲置散；后一支曲子写白发的将军虽然雄心未老却壮志难酬。两支曲子都写得感慨悲壮，把这一本杂剧的主题和用意表现得十分有力量。

其次一本主题和用意也比较容易认识清楚的则是《祝英台身化蝶》一剧。本来这一个民间故事已经流传了很久，从元代之杂剧直到今日之电影及地方戏，都有根据这一个故事而改编的作品。一般说来，大家对此一故事所着重的主题约有两点：其一是强调生离死别的爱情之悲剧，其二是强调对于旧礼教之批判。前者赚人热泪，后者引人反抗，但私意以为先生所写的这本杂剧，其重点却似乎除去此二者之外还另有所在，那就是对于足以超越生死的精诚之心意的歌颂。在这本杂剧的第三折中，曾写到梁山伯死后托梦给祝英台说：“如今我的墓上生了一株红花，是从墓中我的心上生出来的。”又说：“姐姐你记住，那花儿须是你自己摘，别人摘不下来的。”其后在第四折中写到祝英台在嫁往马家的路上经过梁山伯墓地的时候，果然见到墓顶上赤艳艳地开着一朵红花，当时祝英台曾唱有一支曲子：

［甜水令］似这般三九严冬，寒云凝雾，坚冰铺野，林木也尽摧折，则那一朵红葩，朝阳吐艳，临风摇曳，除是俺那显神灵的兄弟英杰。

其后写到坟墓爆裂，祝英台在投身入墓之前又唱了一支曲子：

［离亭宴带歇指煞］呀，俺则见疏剌剌地狂风一阵飘枯叶，骨都都地黄尘四起飞残雪，浑一似呼通通地山崩地裂，还说甚冉冉地夕照影萧寒，漠漠地天边云黯淡，涓涓地山水流呜咽。则你那里苦哀哀地百年怨恨长，俺这里冷森森地三九冰霜冽，禁不住扑簌簌地腮边泪泻。只道你瑟瑟地青星堕碧霄，沉沉地黄壤瘗白玉，茫茫地沧海沉明月。从此便迢迢千秋无好春，悠悠万古如长夜，却原来皇皇地英灵未绝。马秀才你寂寂地锦帐且归休，梁山伯咱双双地黄泉去来也。

在这两支曲子中，所表现的都不是像一般电影或戏曲中只知赚人热泪的哀哭而已。先生所写的是一种精诚的心志之力量，是虽然在死后也能在墓顶上于三九严冬寒云凝雾中开出的赤艳的红花，是能够使得隔绝死生的无情的坟墓都为之爆裂的“皇皇地英灵未绝”。虽然这些奇迹并不一定合于科学上之“真实”，但这种精诚所至金石为开的坚贞的心意，却是千古以下都会使人受到感动和激励的。而先生全剧所要表现的就正是这种精神力量的一种象喻，这与一般只写一个悲剧故事，或者借此不幸之悲剧以表现对于旧礼教之批判的演故事或说教训的表现法是有着很大的不同的。

除去前两种杂剧以外，我以为先生之更易引起别人误会，更难使人了解其真正之主题和用意的，实在是《再出家》和《马郎妇》二本杂剧。因为前两种杂剧无论其真正之用心立意是否为读者所了解，至少从故事本身的外表情节来看，总还不失一种严肃的意味。而《再出家》一剧所写的一个既还了俗又结了婚的和尚，和《马郎妇》所写的一个以肉身布施的淫妇，若只从故事本身的外表情节来看，就更加显得荒诞不经了。然而我却以为这两本杂剧不仅就内容而言，较之前两种杂剧有更为深微之用意，即使就表达之艺术手法而言，较之前两种杂剧也有更可重视之成就。现在我们就先从表达之艺术手法方面来谈一谈。本来中国的小说和戏曲，一向大多是以写实为主的，而且经常带有某些说教的意味。可是先生的这两本杂剧，却是带有一种象征之意味的创作，以整个的故事传达一种喻示的含义，这种表达方式是近代西方小说家、剧作家甚至电影导演，都曾经尝试采用过的一种表达方式，自1950年代后期的尤金·伊欧尼斯柯（Eugene Ionesco）到1960年代的撒姆尔·贝克特（Samuel Beckett）和哈洛德·品特（Harold Pinter）诸位剧作家，他们所写的戏剧便都不仅是一个故事，而是借故事的外形以传达和喻示某种思想或心灵的理念和感受。我这样说，也许会有些人不以为然，因为先生的这两本杂剧都是1936年冬天写定的，比西方那些剧作家写作这一类剧本的时间要早了十年以上，而且先生的剧作也并没有像西方那些剧本的极端荒谬的形式和意念，不过无论如何以剧作中之具体的人物情节来喻示某一种抽象的理念情意，这种表达方式则是极为相近的。而先生之所以能够突破了中国旧有的传统，竟然开创了一条与后起之西方剧作家相接近的途径，成了一位在文学创作之发展中的先知先觉者，其早年研读西方文学所曾经受到的影响当然是不容忽视的。我们前面论及先生对戏剧创作之理想时，已曾引用过先生对于古希腊名剧普拉美修斯一剧之赞美的话，以为此一剧表现有“释迦、基督担荷人类罪恶之意”。而古希腊之名剧其含有丰富深微委曲之含意，足以令人思索玩味者，实不仅普拉美修斯一剧为然，这正是何以王静安氏及先生都以为中国旧传统之剧作不如西方而有思有志于戏曲之创作的一个主要原因。所以先生之有意在其剧作中寄托一种深微高远的理想和意念，便也是极自然的一种情事。而除了受西洋之剧作的影响以外，我以为西方的近代小说，以及在西方影响下发展起来的五四时期前后的中国近代小说，也都曾给予先生很大的影响。先生喜欢在课堂上谈到鲁迅之《阿Q

正传》和《狂人日记》等含义深刻的小说，这是凡曾上过先生课的学生都对之有极深刻之印象的；而另外先生在课堂上还曾经谈到过一位俄国作家的作品，大概就不是很多同学对之都留有印象的了。这位俄国的作家名字叫作安特列夫（L.N.Andreyev），并不是一位很出名的作者，但他的小说却有一个很大的特色，就是常以小说中之人物情节作为一种抽象的感受或理念的喻示。鲁迅曾译有他的两篇短篇小说收入于《域外小说集》，一篇题目为《谩》，另一篇题目为《默》：前一篇喻示人生之虚伪，欲杀“谩”而“谩”不死，欲求“诚”而“诚”乃无存；后一篇喻示人生之隔绝寂寞，欲求知谅之不可得。我以为先生盖曾受有此一作家相当之影响，因为先生既曾在课堂中提及此二篇小说，而且自己也更曾翻译过另一篇安特列夫之作品，题目为《大笑》，内容写一个带有惹人发笑之面具的人，虽然内心极为悲苦，却并无一人能察见其悲苦，而无论行至何处，所追随者皆为一片大笑之声。这当然是一篇喻示性的故事。先生此一篇译稿曾经发表在当时北平《益世报·语林》第八十八号（1946年1月2日）。从先生对戏曲和小说的这些态度和观点来看，先生在自己的剧作中之喻示有较为深刻的含义，这当然是一件极为可能的事。下面我们便将对先生之《再出家》与《马郎妇》两剧之含义略加探讨。

《再出家》一剧之含义，主要可能有以下几点，其一是佛家之所谓“透网金鳞”之禅理，先生在其《稼轩词说》中论及稼轩之《八声甘州》（故将军饮罢夜归来）一首词时，曾经举引过一则禅宗公案，云："昔者奉先深禅师与明和尚同行脚，到淮河，见人牵网，有鱼从网透出，师曰：'明兄！俊哉！一似个衲僧。'明曰：'虽然如此，争如当初不撞入罗网好？'师曰：'明兄，你欠悟在。'"深禅师之所以如此云云者，盖因未撞入网的鱼，对于网并没有必然能脱出的把握，唯有曾经撞入网而又能脱出的鱼，才真正达到了不被网所束缚的境界。未曾还俗以前的继缘和尚，就譬如是一条未撞入过网内的鱼，所以终不免被网所缠缚，直至其垂老再度出家时，才真正脱出了网的束缚。这一则"透网金鳞"之公案，先生在课堂讲书时亦曾常常举引，所以先生在其所写的《再出家》一剧中之含有这种哲理的意味，该是极有可能的。其次，我以为先生在此剧中可能还寓有一种救人便须救彻的理想。在本剧的第三折写有什样景对继缘和尚所说的一大段宾白，云："师兄，你知道慈悲为本，方便为门，可还知道杀人见血，救人救彻吗？你如今害得我上不着天，下不落地，那里是你的慈悲方便？你出了钱米养活着我，让我来活受罪吗？昔日释迦牟尼，你不曾说来吗，在灵山修道的时节，割肉喂虎，刳肠饲鹰。师兄道行清高，难道学不得一星半点儿？如若不然，让我自己在这里冻杀饿杀，不干你事，从此后休来我面前打闪，搅得我魂梦不安。"这一大段宾白不仅在文字方面写得十分沉着有力，而且在用意方面还提出了一种无论是想要成佛或做人，都应该追求向往的最高理想，那就是不惜自己牺牲或玷污而却要救人救彻的精神。这种用意，先生在讲课时，也曾屡屡及之，而且常常把为人与为诗相并立论。例如先生有一次在讲到姜白石的词的时候，就曾经批评白石词的缺点是太爱修饰，外表看起来很高洁，然而却缺少深挚的感情。先生以为一个人过于自命高洁，白袜子，不肯踩泥，则此种人必不肯出力，不肯动情。先生所倡示的实在是一种不惜牺牲或玷污自己而入世救人的精神。如果将先生平日讲课的话与这一本杂剧参看，我们就更可以明白先生的《再出家》一剧，所写的决不仅是一个故事而已，而是先生透过故事的形式所要传达的，他自己对于人生的某种理念。这一点认识是非常重要的。至于《马郎妇》一剧所写的以肉身施舍布人的故事，就也正是前一剧之宾白中所说的“割肉喂虎，刳肠饲鹰”之精神的故事化的表现。在《马郎妇》的第一折中，马郎妇一出场，就唱了三支曲子：

[黄钟醉花阴] 云幻波生但微哂，万人海，藏身市隐。你道俺恋红尘，那知俺净土西方坐不得莲台稳。

[喜迁莺] 好教俺感怀悲愤。但行处扰扰纷纷，朝昏，去来车马，恰便似漠漠狂风送断云，无定准，都是些印沙泥的雁爪，沿苔壁的这蜗痕。

[出队子] 有谁知此心方寸。田难耕，草要耘，一分人力一分春，转眼西天白日曛，可怜这咫尺光阴百岁人。

在这三支曲中，第一支曲子所表现的实在就是我不入地狱谁入地狱的救世精神。第二支曲子则是写人心之纷扰痴愚。然而先生对人世

顾随，1955年春摄于天津师范学院（河北大学前身）寓所书房

所采取的却又绝不是完全否定消极的态度，所以下面第三支曲子先生所写的就是在心灵之修养持守方面，所当做的努力。而更可注意的其实是第四折马郎妇所唱的另一支曲子中所蕴涵的一种抱有救世之慈悲的深愿，却不能为世人所了解和接受的深刻的悲哀：

[醋葫芦·么篇之二]俺常准备着肉饲虎肠喂鹰，走长街吆喝着卖魂灵，您当俺不是爷娘血肉生，俺生前，无谁来相亲敬，俺死后将这臭皮囊直丢下万人坑。

以及结尾一支曲子中的最后二句："我请那释迦佛来作证，则被着恶名儿直跳下地狱最深层。"像这些曲文，可以说对本剧所蕴涵的意旨都有着明白的提示。因此我们说先生的剧作中有着严肃深刻的取义，这是足可以为证的。

至于先生的第二本剧集《游春记》，其内容则取材于《聊斋》中之《连琐》一则故事。据先生在"自序"中所云，此剧之着笔盖始于1942年1月间，而其完稿则在1945年之2月中。"自序"又云："初意拟为悲剧，剧名即为《秋坟唱》，既迟迟未能卒业，暇时以此意告知友人，或谓然，或谓不然，询谋既未能佥同，私意亦游移不定，今岁始决以团圆收场，《游春》之名，于以确立。"当先生撰写此剧之时，也正是我从先生受业之时，记得先生当日也曾与同学们谈及此剧将以悲剧或喜剧结尾之问题，而且也曾在课堂中论及西方悲剧中之人物性格，其所曾讨论者，先生已大半写之于《游春记》之“自序”中。先生为“悲剧”及“喜剧”所下之定义与西方并不尽同。依先生之意，以为“悲剧中人物性格可分二种，其一为命运所转，又其一则与命运相搏”。对所谓“与命运相搏”者，先生又曾加以诠释，曰：“遇有阻难，思有以通之，遇有魔障，思有以排之……通之而阻难且加剧焉，排之而魔障且益炽焉，于是乎以死继之，迄不肯苟安偷生，委曲求全……窃意必如是焉，乃成乎悲剧之醇乎醇者矣。”持此一标准以求，先生以为西方莎士比亚之剧，“若《哈姆雷特》，若《李尔王》，其显例已。”而在中国之元明杂剧及传奇中，则根本缺少此类之悲剧。先生曾引王静安先生《宋元戏曲考》之言曰：“明以后传奇无非喜剧，而元则有悲剧在其中。”然而依先生之见则以为“即以元剧论之，若《梧桐雨》，若《汉宫秋》，世所共认为悲剧也，顾明皇元帝皆被动而非主动，乃为命运所转，而非与之相搏，若《赵氏孤儿》剧中之程婴与公孙杵臼，庶几乎似之，然统观全剧，结之以大报仇”，凡此类戏剧，严格地说起来，盖皆不合于先生为悲剧所下之定义，所以在先生的标准之下，元明诸剧作中可以说并无理想之悲剧。至于所谓“喜剧”者，则先生以为静安先生所说的“明以后传奇中之喜剧”，实在不得称之为“喜剧”，而“当谓之‘团圆剧’始得耳”，而“团圆剧”则是被先生平时常目为“堕人志气，坏人心术者也”。盖以一般“团圆剧”之所写者，多不过为功名成就亲事和谐，斯不过为人情物欲之满足而已，故先生以为此种戏剧多属浅薄庸俗，全无高远之理想志意可言。那么先生所理想之喜剧又该是怎样的呢？先生在“自序”中对此虽然并无详细之阐释，却有一段简短的说明，云：“今之为此《游春记》也，其自视也则又何如？则应之曰：‘人既有此生，则思所以遂之，遂之之方多端，而最要者曰力，其表现之于戏剧也，亦曰表现此力则已耳。其在作家，又惟心力体力精湛充实，始能表现之。悲剧喜剧，初无两致。’”如果从这一段简短的提示以及《游春记》剧本身之故事来看，我们可以推测先生理想中的“喜剧”与其所谓“堕人志气坏人心术”的“团圆剧”必然有很大的不同，而最主要的分别则在于先生之所理想中的“喜剧”是要表现有一种为求遂其生而须付出追求之艰辛的“力”的作品。假如从这一种衡量的标准来看，我们便会发现先生的《游春记》之所以选取《聊斋志异》中之《连琐》一则故事作为素材，而且决定以“喜剧”为结尾，其中是果然有着深刻之取意的。

首先从故事之取材而言，我以为先生之所以选取了《聊斋》中之《连琐》一则故事作为素材的缘故，主要盖取其由死而复生的一点象征的用意，这当然与把此一故事只看作僵尸复活之迷信的事件有着绝大的不同，先生只是借用此一则故事来表现一种可以起死人而肉白骨的精神和感情的伟力，同时也表现一种求遂其生的强烈的意志和愿望。在本剧第一本第一折中，正末杨于畏出场所唱的第一支曲子［仙吕点绛唇］中所描写的虽然是“黄叶凄凄，又是悲风起”的秋天的肃杀悲凉的景色，可是紧接着的第二支曲子［混江龙］，杨于畏所唱的却是“任岁月难留如逝水，尽摧残不尽是生机”的对坚强的生意的歌颂，同时还唱出了他自己的“则平生有多少相思意，相伴着花开花落，春去春归”的缠绵执著的感情。到了第二折中，写连琐的鬼魂出现，则象征了一个多情美好的生命被幽闭于隔绝凄冷之世界中的悲哀寂寞的心情，也曾经透过杨于畏的口吻唱出了下面一支充满同情之感的曲子：

［十二月］可怜他腰肢瘦损，肺腑难申。空剩下一身的窈窕，融解作四野氤氲。则他那无边的怨苦，直引起半世的酸辛。

到了第三折，则写出了对于爱情和生命之追求寻觅中的徘徊和迷惘，如杨于畏所唱的下面一支曲子：

［川拨棹］情暗伤，他争知人见访，俺则见风冷云黄，水远山长，树映着朝阳，叶带着余霜，起伏着陀岗，上下着牛羊。我耐无聊，徘徊半晌。则夜来的吟诗，真个也，梦想？

到了第四折则由正旦连琐作为主角，于是就更为直接地唱出了她自己的多情而被幽闭的凄怨，如下面一支曲子：

［紫花儿序］一夜夜清眸炯炯，绣履轻轻，翠袖盈盈。行来荒野，立尽残更。无情。有情呵，幽闭在泉台下待怎生。

然后就接写连琐之鬼魂被杨于畏的诚挚之情所感动，于是前来与之相会，曾经唱了几支曲子，表现出对于感情的诚挚的力量的感动，例如下面的一支曲子：

［调笑令］月明，淡云横。想昨夜三更那后生，立荒园不管风霜劲。把新诗霎时酬定。则他那聪明更兼心志诚，热肠儿敢解冻融冰。

以上是本剧的第一本，一共四折，只写到连琐的鬼魂与杨于畏相见为止。

到了第二本开始，故事的背景就已经由前一本之凄寒的秋日转变为风云凛冽的严冬。如果说前一本之秋日的背景象喻了虽然在凋零肃杀之中也难以被摧毁的生机，那么第二本第一折之严冬的背景则更可以说是有着两层的提示和暗喻：其一是因季节之改变所暗示出来的杨于畏与连琐之间的感情的增长和坚定；其二是因严寒的凛冽才更可显示出对于生机之追寻有着不畏风雪的坚强执著的精神。所以在第二本的第一折，连琐一上场所念的定场诗的末二句就是：“常爱义山诗句好，不辞风雪为阳乌”，表现了虽然在严冬中但坚决要追求光明和温暖的坚强的心意。到了第二本第二折，则季节已经自严冬转为风光明媚的春天，而连琐的幽魂也已经洋溢着满怀生意。所以在这一折中，连琐一上场所唱的定场诗的末两句就是“幽绪满怀蚕作茧，生机一片水生涛”。但若只是连琐心中有了这一片生机却仍嫌未足，正如古今中外所有的神话或宗教中所喻示的一样，凡一切再生的救赎，都需要有一种牺牲的血祭，因此连琐便向杨于畏提出了要以一滴活人的鲜血淌入脐中的要求。当这一幕庄严的仪式完成以后，正末杨于畏在下场时念了一首下场诗，说：“带月荷锄汗未消，南山曾记豆生苗，谁知深夜明灯下，一朵心花仗血浇。”这首诗用陶渊明写躬耕之辛苦的诗句“带月荷锄归”来喻写对于心田中之心花的浇灌，正可见出凡属一切收获皆须付出汗血之代价的严肃的意义。第三折是对连琐之起死回生的正面的叙写，在这一折中，先生用了北曲中一套著名的套曲［九转货郎儿］，是先生的用力之作，其中有几支曲子写得笔酣墨饱，非常出色，例如：

［九转货郎儿］也是俺的至心宁耐，也亏俺的痴心不改，感动得巫娥飞下楚阳台，我破家私将春光买，我下功夫将好花栽。也有个万紫千红一夜开。

［四转］且莫道人生如梦，说不尽至心爱宠，将一幅画图儿叫真真，叫得哑了喉咙，也有个幽灵感动，悲欢相共。恰便是向荒田中，沙漠里，将情苗种。也有个一夜东风，装点春容。人道是三山难遣风相送，凡人休作神仙梦。你看俺恰便是挂起了帆蓬，东指云海蓬莱有路通。

［八转］俺这里凝看不瞬，他那里星眸闭紧。告巫阳好和俺赋招魂。且将这安息漫焚，漫焚，悄无声，气氤氲，我静待青春归来讯。则见他挪娇身也么哥，沛香津也么哥，亸下鬟云，慢转秋波，动着樱唇。渐渐地娇红晕粉，晕粉，两朵明霞弄腮痕，越越地添风韵。听微呻也么哥，看轻颦也么哥，这一番亲到瑶台逢玉真。

这里所引的三支曲子，前二支写经过艰苦的寻求和期待以后，终于可以如愿得偿的欢欣和兴奋，第三支则写亲眼得见到自己所期待已久的美好之生命的复活。先生将之写得极为细腻生动，而所有的描写其实都带有超越于现实之上的一种象喻的含意，这种用心，是读者所绝不应该对之忽略的。

以上第一本四折和第二本之前三折，剧中的故事情节与《聊斋》中之《连琐》一则的故事大抵可以说相差不远。到了第二本的第四折所写的杨于畏与复活以后之连琐并马游春的故事，则不是《聊斋》之所原有，而是全出于先生自己之想象和创造了。如果我们想到先生在“自序”中所曾提到的最初写此剧时对于以悲剧或喜剧结尾的慎重考虑，我们就会知道先生之所以决定以喜剧结尾，并且增出此一折《聊斋》中所本来没有的“游春”的情节，更把全剧定名为《游春记》，这其间必然有先生一种深微的用意。我以为先生此一折所要写的，实在应该是理想中一种美满之人世的象喻。而且更可注意的是先生在其所写的“游春”之中，还特别安排了“登山观海”的叙写，也就是说先生所理想中的美满的人世，不仅应有如春日的欣荣，而且更应该有一种如同“登山观海”之高远的蕲向和志意。关于这种象喻的意义，先生在这一折的剧曲中，也有足够的叙写和暗示。例如当剧中写到杨于畏与连琐来到海滨观海的时候，他们二人曾经有几句宾白，先是“（末云）娘子，你觑兀的不是大海当前也。（旦云）相公，你听林籁涛声，宫商并作好悦耳也”，于是下面正旦连琐就接唱了几支曲子：

［耍孩儿］自然海上连成奏，多谢你个挡弹妙手，相伴着长林虚籁正清幽，珊珊佩玉鸣璆。说什么翠盘金缕霓裳舞，月夜春风燕子楼，到此间齐低首。听不尽宫音与商音同作，看不尽云影和日影交流。

这支曲子对于海的赞美，当然也就象喻着对于一种高远雄壮的美好的境界的向往。后来写到海上日落，正旦连琐又唱了一支曲子：

［一煞］遥空晚渐低，绮霞明未收，将海天尘世一起来庄严就，将遍人间绛蕊融成色，合天下黄金铸一个球。潮音里响一片钧天奏。比月夜更十分渊穆，比春朝加一倍温柔。

在这一支曲子中，其歌颂和象喻的意味，比前一支曲子就更为明显了。我以为在中国文学史上，无论是在任何一种文学形式的创作中，如此富于反省自觉地苦心经营，使用象喻的手法写出一种至圆满至美好之理想人世之境界者，实当以先生此剧为第一篇作品，这一种成就和用心是非常值得我们尊敬和重视的。

最后我还要提出一点小小的补充说明，就是在此一剧中，先生曾经为杨于畏安排了一个净扮的书僮抱琴，时常做一些插科打诨的说唱和动作。这是剧作中常有的一种调剂，不必有若何深意。至于在下卷第一折前面的楔子中先生又安排了杨于畏的四个学友来书斋中作闹之事，则一来因《聊斋》的故事中也有关于这些情事的记叙，而且这种安排也暗示了在对于美好之事物的追寻过程中，也往往可能会遇到一些对美好之事物不知珍重爱惜，而竟以焚琴煮鹤之恶作剧为乐的人物。如此则此一楔子中之玩闹的恶作剧，便也隐然有一层象喻之意味了。

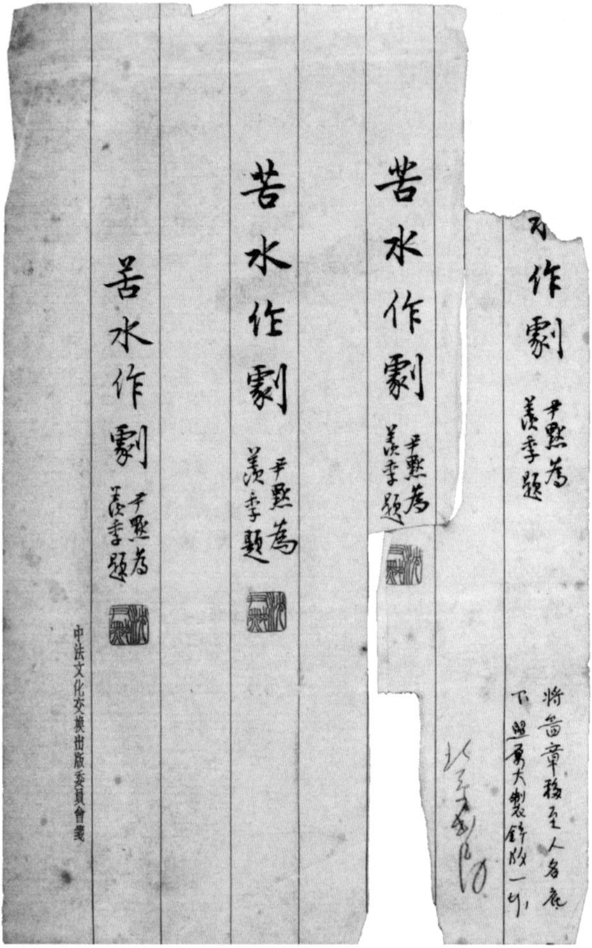
苦水作劇
尹默為羨季題
苦水作劇
尹默為羨季題
苦水作劇
尹默為羨季題
作劇
尹默為羨季題
中法文化交換出版委員會箋

沈尹默题签

《苦水作剧》在中国戏曲史上空前绝后的成就

老师在诗词方面的成就，注意的人比较多，研究的人也比较多；但老师在戏曲方面的成就，现在注意的人还不多，研究的人也比较少。所以我想专题谈一谈顾随先生的杂剧创作在中国戏曲史上空前绝后的成就。提到老师的杂剧创作我用了“空前绝后”这个词，并不是没有原因的，事实上是：在我的老师之前，没有人写过这样的杂剧；在我的老师之后，再也没有人去写这样的杂剧了。而且我以为，老师之所以有这样的成就，主要是受了王国维、鲁迅两位先生的影响。

王国维先生在《静安文集续编》的“自序二”中曾经说过这样的话：

因词之成功而有志于戏曲，此亦近日之奢愿也。然词之于戏曲，一抒情一叙事，其性质既异，其难易亦殊，又何敢因前者之成功而遽冀后者乎？但余所以有志于戏曲者又自有故。吾中国文学之最不振者莫戏曲若。元之杂剧、明之传奇，存于今日者尚以百数。其中之文字虽有佳者，然其理想及结构，虽欲不谓至幼稚至拙劣不可得也。国朝之作者虽略有进步，然比诸西洋之名剧相去尚不能以道里计。此余所以自忘其不敏而独有志乎是也。然目与手不相谋，志与力不相副，此又后人之通病，故他日能为之与否所不敢知，至为之而能成功与否则愈不敢知矣。

——王国维《静安文集续编·自序二》

王国维先生是有志于戏曲创作的，可是他一个剧本都没有写。这是为什么？我个人以为，王国维先生这个人太严肃，不适合写戏曲。你要知道，戏曲有插科打诨，连西洋的戏曲里边也有的，莎士比亚的戏曲里也有小丑上台来说几句笑话，而王国维先生这个人他是不苟言笑的。戏曲里边有时要活泼，要生动，像“疏剌剌”“呼鲁鲁”这些个俗语都可以搬上去，这都不是王国维所擅长的。可是顾随先生就不然了。我以为，顾先生之有志于戏曲，一方面是受了王国维的影响，另一方面是他的性格使然。当初顾先生在给我们讲课的时候常常引到王国维的话，指出在戏曲这一方面古人所做的成就不够好，还可以有发展的余地。而且顾先生这个人比较能放松，他有西方所谓幽默滑稽的这一方面的兴致，所以他能写了这么多本杂剧而王国维却一本也没有写。

但他确实继承的是王国维的志向。就是说，由于看到了中国的戏曲在内容和思想方面是贫乏的，所以他们都想在这一方面有所成就，改变中国戏曲的这一现状。王国维是把对于人生哲理的思考写到他的词里边去的，所以中国的词到王国维就有了一个新的变化。而顾随先生呢，他不但继承王国维先生，把人生的哲理写到词里边去，他也把人生的哲理写到他的杂剧里边去了。顾先生曾说：

从事剧曲者，率皆庸凡、肤浅、狂妄、鄙悖。是以志存乎富贵利达者，其辞鄙；心系乎男女风情者，其辞淫；意萦乎祸福报应者，其辞腐；下焉者为牛鬼，为蛇神，为科诨，为笑乐，其辞泛滥而无归，下流而不返。

——《游春记·序》

顾先生认为，中国古代那些写戏曲的人，常常混迹于市井之间，思想比较贫乏，所以有的人只写升官发财，就连汤显祖的《牡丹亭》，最后也不过是丈夫做了高官，夫荣妻贵大团圆而已。至于那些风流浪漫的才子，他们内心里充满了男女风情，写出来就是淫靡。——其实汤显祖二者兼而有之，他既是富贵利达也是男女风情，只有这样才能够投合大众的趣味。还有那些迷信的人，就讲祸福报应，言辞难免迂腐。总之在思想方面，中国戏曲是空乏的，与西方戏剧难以相提并论。其实元曲写作的目的，本来就是搬演一个故事，为的是取悦于观众。观众看戏并不想进行什么人生思考，只要看起来足以笑乐就可以了。而顾先生他是北京大学英文系毕业的，是受有西方文学思想影响的，所以他赞美那些西方的名作，像《被系絷的普拉美修斯》，我们现在翻译为《被缚的普罗米修斯》。它取材于古希腊的神话，说是普罗米修斯看到人间没有火，就到天帝那里为人间偷取了火种，因此他受到了天帝的惩罚，把他绑在高山的顶上，受风吹雨淋日晒各种的痛苦。顾随先生说：

证之古希腊，则爱斯迄拉斯氏所作《被系絷之普拉美修斯》一剧，其雄伟庄严，只千古而无对。而壮烈之外，加之以仁至义尽，真如静安先生所云“有释迦、基督担荷人类罪恶之意”。悲之一字，竟不足以尽之。

——《游春记·序》

从这些话里，我们可以看出顾随先生对王国维论戏曲的那些话的赞同以及他对戏曲之思想性的追求。

在近代学者中间，顾随先生不仅推崇王国维，同时还推崇鲁迅。他曾经在课堂上向我们介绍鲁迅先生翻译的外国小说。你要知道，鲁迅和王国维都生活在清末民初，那正是我们中国开始接受外来文化的时候。王国维在他的文集里曾多次提到，中国的文化有待于外来文化的刺激，才能够更有开拓，才能够更有进步。鲁迅先生更是介绍了很多外来的思想，而且在早期，鲁迅先生还和他弟弟周作人一起翻译了一系列的外国小说，后来编成一个集子，叫作《域外小说集》。这本小说集介绍了很多西方小说，其中有一个俄国的作者名叫安特列夫，我想，顾随先生是受了这位作者很大影响的。安特列夫生于1871年，年轻的时候曾经在莫斯科学过法律。俄国革命的时候，他想到美国去却没有能够成功，所以就留在了俄国，这位作家很不幸，最后是冻饿而死的。安特列夫写过很多短篇小说，被鲁迅先生翻译成文言文收在《域外小说集》里边的有两篇，一篇叫作《谩》，一篇叫作《默》。其实安特列夫还有一篇小说叫作《红笑》，也很有名，是写战争之惨烈与恐怖的。另外我的老师顾随先生也翻译了他的一个短篇叫作《大笑》。所谓“谩”就是欺罔和谎话，安特列夫写一个人希望听到真诚的话，但是没有，满世界寻觅和呼唤也没有，这个世界没有诚，都是谩，都是欺骗和虚妄。所谓“默”就是沉默，没有声音，没有回答，没有反应，这个世界就是如此的。这当然不是写实了，这种小说都是带有象征意思的寓言。

而你看中国过去的小说，短篇的像《聊斋》，都是写一些鬼狐；长篇的作品像《水浒传》《三国演义》《西游记》，都是取材于历史或传说，来源于说唱的文学。在中国旧小说里边，最有创意、最伟大的小说就只有一部《红楼梦》。这是王国维在他的《红楼梦评论》里曾经谈到的。中国的大部分旧小说和戏曲一样，也缺少思想性和人生哲理。而像刚才我所提到的《谩》《默》《红笑》这些短篇，却都是有很深刻的人生哲理在里边的。顾随先生亲自翻译了一篇安特列夫的短篇小说叫《大笑》，这个小说很有意思。他说有一个男士要去参加一个舞会，他本来不想参加这个舞会，可是他所爱的一个女子要去参加，所以他就也想去参加。那是一个化装舞会，于是这个男子就到一个店铺里去租用化装用的面具和衣服。他们给他试衣服，拿来一件贵族的大礼服，可是他穿上觉得自己很

1955年顾随（左三）与天津师范学院同事于书房合影

瘦小，撑不起这件衣服；人家又找来一件工人的衣服给他试穿，他又觉得太紧了也不能穿。最后只剩下一套小丑的衣服和中国人的面具——在这里我要说明，那时候的西方人对中国人是有偏见的，他们的传统观念认为，中国人的脸是最平板、最缺乏表情的。于是最后，这个人穿了这套不合身的衣服，戴着一个平板的没有表情的面具就参加舞会去了。由于他的衣服跟那个面具的脸配起来很奇怪，所以他一进场人家看到他的装束就全都大笑。他本来要去找他所爱的那个女子，也看见那个女子在里边，可是当他想跟她说话的时候，那女子一见他就大笑。所有的人都在笑他，没有一个人要跟他讲话。整个一个晚上，没有一个人重视他，没有一个人理会他，大家看到他只是大笑，而这时候他在面具下边的脸上已经满都是泪痕了。这当然也不是一篇写实的作品，而是一个象喻性的小说。在人生中，有的时候你不能把你自己真的面目露出来，纵然你在暗中悲哀愁苦痛哭流涕，别人看到你还是会大笑的。

我讲这些是要说明，我之所以说顾随先生在戏曲史上取得的成就是空前的，就是指他的杂剧之中的象喻性。古人戏曲写得再好，不管是《汉宫秋》还是《梧桐雨》，不管是《长生殿》还是《桃花扇》，都只是那个故事很好而已。用作品来反映抽象的思想理念，这在中国过去的戏曲和小说里边几乎从来没有过。而顾先生的剧作中有很深远的人生哲理，在思想性上超越了以前所有的作者。顾随先生杂剧里的象喻性，有的时候是故事本身就有一种象喻的意思，有的时候则是把理念通过曲辞表达出来。这并不是我主观地添注解经来说先生的作品，我这样说是有根据的：除了受王国维和鲁迅的影响之外，我们还应该注意到，先生在他的词作里就已经有这样的作风。比如我过去常常讲到的先生的一首小词《临江仙》：

记向春宵融蜡，精心肖作伊人。灯前流盼欲相亲。玉肌凉有韵，宝靥笑生痕。　　可奈朱明烈日，炎炎销尽真真。也思重试貌前身。几番终不似，放手泪沾巾。

他说记得在春天的一个晚上，我用尽了我的多少心思和感情，制作了一个蜡人，做得非常生动。在灯下，它的肌肤都好像是有温度有感觉的，它口边的笑意正在绽开。可是没有想到，到了夏天，炎热的太阳把这个蜡人给熔化掉了。在那以后，我曾经多次努力，想再制作一个同样的蜡人，可是却再也做不出来了。这说的当然不是现实，而是用象喻的手法表现了一个哲理：如果你错过了人生某一个机缘，使理想破灭了，那你以后也许就再也不能够完成那一个理想了。

顾先生还写过一首《鹧鸪天》小词：

不是新来怯凭栏。小红楼外万重山。自添沉水烧心篆，一任罗衣透体寒。　　凝泪眼，画眉弯。更翻旧谱待君看。黄河尚有澄清日，不信相逢尔许难。

这是抗战时在沦陷的北平所写的，那时候政府的军队已经退到大后方去了，住在沦陷区的人，我们靠着什么坚持下去？是“自添沉水烧心篆，一任罗衣透体寒”。那香气不是别人给你的，是你“自添沉水”，你自己从内心燃烧起来的香气，而对外边你是无可奈何的，只能任凭四方的寒风把你的罗衣吹透。他说“凝泪眼，画眉弯”，我没有因为我所爱的人走了就把画眉的样子改变，我要让你回来时看到我的画眉仍旧和从前一模一样。古人说黄河三千年一清，那么既然连黄河都能够有澄清的日子，我就不相信你不能够回来，不相信我们没有再见面的日子。小词本来都是写相思离别的，可是顾先生把他自己的理想和信念都写在里边了。

因此，从顾先生的词作来看，从他翻译的小说来看，从他引用王国维先生对戏曲的话来看，从他提到鲁迅先生翻译小说的话来看，我认为顾先生的杂剧里边是有象喻意味的。以前台大的一个研究生曾经考察过，元杂剧的故事一般都有一个出处，或出于历史，或出于传说，或出于小说、笔记，不管写悲剧、喜剧还是祸福报应，基本上都是写实的。我也曾考察过明人和清人所写的杂剧、传奇，我在南开的一个研究生还给我拿来过南社诗人所写的许多杂剧和传奇。这些作品大多都是写实的，虽然偶尔也有革新，比如主张婚姻自由，替女子鸣不平等，但那是革新而不是超越，因为他们仍然是在写一个故事，并没有像顾先生的作品那样超越于现实之外，有意地把某种人生的理念赋予其中。

不过，在介绍顾随先生的杂剧之前，我还要简单介绍一下元杂剧的情况。在这方面，顾随先生也曾做过多方面的研究。在《顾随全集》[1]里面，关于戏曲的论著一共有十六种之多。这些论著所涉及的范围是很广的，例如关于格律方面的、关于语言方面的、关于考证方面的等。我今天所要提出来一谈的，是他的《元明清戏曲史残稿》，这本书没有最后完成，所以叫作“残稿”。在这部残稿里面，顾随先生曾经谈到戏曲之中声音的重要性，他引用了明朝的一位戏曲作家徐渭的《南词叙录》。徐渭在《南词叙录》里谈到南戏——在12—14世纪曾经流行过南戏，而南戏的作品流传下来很少，这是为什么呢？徐渭说，那是因为南戏“不叶宫调，故士夫罕有留意者”。就是说，这些作品比较粗糙，宫调上不是很严谨，所以士大夫读书人就不大注意它。于是顾先生就联系到清末民初的皮黄戏，所谓“皮黄戏”就是平剧，又叫京戏。顾先生说，皮黄戏“听之洋洋盈耳……若披其册而读其词，则殊不堪作文学之欣赏”。这皮黄戏听起来很好听，可是如果打开戏本读一读里边的文字就会发现，它的文辞很粗鄙、很浅俗，甚至文法也不大通，句子也有错别字，实在不能当作文学作品来欣赏。顾先生说，传统的韵文，从古乐府、唐诗、唐五代的词，直到我们刚才说的《汉宫秋》《梧桐雨》那些个元杂剧，现在虽然早已不能再在舞台上演出了，

[1] 四卷本《顾随全集》。

可是它们作为文学作品，一直绵延流传到现在。什么缘故？就因为它们凭着文字优美可以诵读，而不是只凭着声腔的魅力。真正好的戏曲，是应该把声腔的美与文辞的美结合在一起的。然而一般唱戏的演员，他们文学的根底比较浅，所以剧本的文字就不优美；而那些读书人，文字可以做到优美了，可是对于乐律又不娴熟。两者得兼的情况是很少的。

元杂剧，它本来就不是士大夫的案头文学，而是在市井之间演出的，所以常常只追求声音之美。而且元曲的曲辞跟诗词有一个很重要的不同，那就是诗词的格律非常严格，而剧曲可以有一种自由的变化。诗有五言有七言，词虽然长短不齐，但也是有严格限制的。像“大江东去，浪淘尽、千古风流人物。故垒西边，人道是、三国周郎赤壁”，它有一个顿挫，不可以随便改变字数与顿挫。所以有人说，词的格律其实比诗更严格。而剧曲就很妙了，它也有格律，也有长短不齐的句式，可是在长短不齐之中它给你一个可以自由变化的余地。就是说，你可以增加很多衬字，甚至很多增字。什么叫“衬字”，什么叫“增字”呢？衬字是加上一些虚字，也就是不重要的字。增字呢，就是你可以在里边增加实字。比如说关汉卿有一首很有名的曲子说：“我是个蒸不烂、煮不熟、锤不扁、炒不爆、响当当一粒铜豌豆。”这支曲子在这个地方基本的格式其实就只有五个字“一粒铜豌豆”，前边那些“蒸不烂、煮不熟、锤不扁、炒不爆、响当当”都是他增加的。因此，曲就比词更加生动更加有变化，而且还配合了很多口语，有的时候还可以加上很多形容声音的字。当然了，诗也有形容声音的字，像白居易《琵琶行》的“嘈嘈切切错杂弹，大珠小珠落玉盘”，那“嘈嘈切切”就是形容琵琶声音的，可是它比较简单，只有四个字，是两两的叠字。而在戏曲里边，常常可以加一大片形容声音的字，比如像我刚才提到过的《唐明皇秋夜梧桐雨》，说的是唐明皇在一个秋天的夜晚听到外面的雨声因而怀念起杨贵妃的故事，其中就有一段曲子完全是形容外面风雨的声音。他说：“原来是滴溜溜绕闲阶败叶飘。疏剌剌刷落叶被西风扫。呼鲁鲁风闪得银灯爆。厮琅琅鸣殿铎。扑簌簌动朱箔。吉丁当玉马儿向檐间闹。”“滴溜溜”是落叶飘舞的形状，“疏剌剌”是落叶被风吹的声音。“呼鲁鲁”也是风的声音，古人用油灯或蜡烛，一阵风吹过去，灯苗就被吹得摆动。“厮琅琅”是铃铛的声音，宫殿的殿角上都挂着有铃铛。这个“铎”，就是铃铛。当初孔子秉铎而教，一摇铃，就上课了。“铎”字的读音要注意，它本身是个入声字，而元人定都在北京的地方，是北方的口音，很多入声字北方是没有的。它们不但有的被读成了平声，而且在元杂剧里还有很多押韵的俗音。这个“铎”字，在这里押韵读作dáo。“箔”，是帘子；“扑簌簌”是帘子的声音。另外这个“箔”字也是入声字，押俗音念báo。“吉丁当”还是形容声音的，屋檐上的风铃，如果是金属做的叫铁马，如果是石头做的叫玉马。所以你看，非常通俗的句子，很多声音的形容词，这就是元曲的特色。

元曲比较通俗化，有增字衬字的变化，而且语言活泼生动，这都是它的好处，所以听起来很好听，念起来也很动人，但是倘若你仔细地研究，像对诗词一样在字句上推敲，你就会觉得它不够精美，不够细致。这是它的缺点。那么顾随先生，他本身是个学者，又是诗人和词人；他对元杂剧有深入的研究；他对语言文字和声音的美感，是非常敏锐的。所以他具备了把戏剧的雅与俗之美、声音与文字之美结合起来的基本条件。这一条件，成为他能够在杂剧创作上取得成就的基础。但是顾随先生生于1897年，去世于1960年，而我们中国的文学传统，从五四新文化运动提倡白话文和白话诗以来，连旧体诗词都很少有人写作，更不要说杂剧了。旧体诗词写起来还比较简单，一首绝句只有四句，一首律诗只有八句，一首词也只有几十个字，可是你要写杂剧就不得了了，一本杂剧至少是四折，而且它还不只是抒情，它须要搬演一个故事，里边要有人物有角色，要有道白，要有动作，还要有道具，这是非常复杂的一件事情。所以从五四白话运动以来，几乎就再也没有人写杂剧了。还不要说以后的人写得好写不好，而是以后的人根本就不会去写这种体裁了。从这个角度来看，顾随先生的剧曲，当然就是“绝后”的了。

在了解了顾随先生改变中国戏曲现状的志向和他在杂剧创作上所具备的条件之后，我们就可以来看顾随杂剧的象喻性了。实际上，顾先生杂剧著作中的象喻性可以分成两层，一层是他早期的，比如《馋秀才》，那是只有两折的一本戏。说的是一个讲究美食的穷秀才，考试也考不上，只喜欢吃。他认识一个庙里的老和尚，常

1956年冬顾随在天津师范学院第二宿舍寓所书房

常跟那老和尚一起喝酒吃肉，亲自下厨做好吃的美味。有一个长官到他们那个地方来做官，也很讲究美食，总是为饭菜不合口味和没有好的厨师而责打差役。差役每天挨打很痛苦，人家就告诉他说有一个穷秀才会做美食，可是这个人脾气古怪，你不见得能求得他来。但差役受不了每天挨打还是要去试试看，人家就告诉他说你最好找那个老和尚跟你一起去，结果那老和尚就陪他一起去找这个秀才。可是这秀才无论如何也不肯给当官的去做饭，怎么求他也不干。就是这么一个简单的故事。这个故事是要说：一个有骨气的人，是不会卑躬屈膝为了得些财赂或名利就去侍奉一个贪赃枉法的官吏的。——这个故事，它所表现的思想还只是一种世俗的意思。

然后顾先生又写了《飞将军百战不封侯》，是汉代李广的故事，这是一个命运的悲剧。顾先生认为人的悲剧有两种：一种是性格的悲剧，像项羽不能用人，有一个范增都不能用，他的失败是由他的性格决定的；还有一种是命运的悲剧，李广以自身的本领来说是可以封侯的，他真的是勇敢，真的是爱护他的士兵，连匈奴人都怕他，管他叫飞将军，可是他命运不好，从来没有煊赫的战功，所以百战不封侯。他遇到的军队的统帅是皇亲国戚，不但不给他立功的机会，还派他分兵走大漠里边一条很艰难的道路，以致造成失期而面临军法审判。这个故事，讲的也还是属于世俗的意思，还达不到哲理的高度。但是一个人，不管他有意无意，只要他本身有思想性，他写出来的作品就会有思想性。顾先生早期的作品可以说并没有有意识地要写人生理念，可是他的作品本身就有一种反映人生某种问题的倾向，就是包含有思想性的。

然而到了《祝英台》这本戏就不同了。梁山伯、祝英台的故事大家都熟悉，表面上你也可以说它就是反映一个民间的婚姻不自由的悲剧嘛，那也是一个世俗的外表的故事。可是，在顾先生的《祝英台身化蝶》这一本戏里边，就多了一点点东西，多了一点点什么东西呢？那就在他的曲辞里边。他说梁山伯死后托了一个梦给祝英台，说你明天要出嫁到马家去的时候要经过我的坟墓，我的坟墓上开了一朵红花，那是从坟墓之中我的心上长出来的，只有你能够把这朵花摘下来，别人是摘不下来的。接下来祝英台又唱了一大段曲文，从这段曲文中我们可以看出，顾先生一方面保持了元杂剧曲文中那种生动活泼甚至泼辣的感觉，一方面又非常的典雅，非常的精致，同时里面也不乏哲思。这段曲子的曲牌叫《离亭宴带歇指煞》，是两个曲子连起来的一段很长的曲子：

呀，俺则见疏剌剌地狂风一阵飘枯叶，骨都都地黄尘四起飞残雪，浑一似呼通通地山崩地裂，还说甚冉冉地夕照影萧寒，漠漠地天边云黯淡，涓涓地山水流呜咽。则你那里苦哀哀地百年怨恨长，俺这里冷森森地三九冰霜冽，禁不住扑簌簌地腮边泪泻。只道你瑟瑟地青星堕碧霄，沉沉地黄壤瘗白玉，茫茫地沧海沉明月。从此便迢迢千秋无好春，悠悠万古如长夜，却原来皇皇地英灵未绝。马秀才你寂寂地锦帐且归休，梁山伯咱双双地黄泉去来也。

我说过顾先生与王国维不同，他与王国维同样有志于戏曲的开创，但他真是有能力做这个事情，他能够掌握戏曲的语言。这一段的前边一大串，都是用的元曲里边常用来形容描写的俗语，把那整个狂风凛冽白雪飘扬的背景都用声音表现出来了。在这段曲子的后一部分祝英台说，我只道我们从此无望，却原来你的英灵还在，所以马秀才你自己回到你家里去，然后她呼喊着梁山伯说："咱双双地黄泉去来也。"这个"去来也"，声调是"去平上"，这在曲子里叫"务头"，它使得这句话特别强劲有力。接着坟墓裂开，祝英台就投身在坟墓之中。这是写那种坚贞的爱情的力量，它是能够穿透生死的。当然，汤显祖的《牡丹亭》写杜丽娘因为爱情害了相思病而死，死了以后因为坚贞的爱情不变，后来柳梦梅又把她从坟里挖出来又活了。那也是写爱情的坚贞可以使生者死死者复生。但汤显祖是用了很多情节、很多故事、很多动作来写的，于是就把力量分散了。就是说，他中间穿插的事情太多，反而把那一种真正爱情的本然的力量给分散了。而顾先生则是用声音用文字集中写出了这样的一种力量。

但《祝英台》这本戏也应该算是早期的创作，顾先生那时候也不一定是有心要做什么象喻，他还是写一个故事，写一个民间传说的爱情悲剧。但顾先生以他的一种本能，在这出戏里写出来一种爱情的坚贞伟大的力量。事实上，真正很明白地表现出来象征和寓言之味道的，是顾先生的另外两本戏。一个是《垂老禅僧再出家》，另一个是《马郎妇坐化金沙滩》。

我们先说《垂老禅僧再出家》。这出戏是说，从前有一个叫继缘的老和尚，认了一个卖艺的同乡，两人感情非常好，后来他这个同乡死了，临死时托付老和尚照顾他的妻子。老和尚很守信用，隔上三五天就去看一看朋友的妻子，给她带一点粮食，给她做一点地里的活计。这个朋友的妻子名字叫什样景——这其实也不是顾先生起的名字，而是在元杂剧里常常把一些比较风流浪漫的女人叫作“什样景”。那么有一天老和尚去看什样景，什样景就跟他说了一段话，她说师兄，你知道慈悲为本方便为门，可还知道杀人要见血救人要救彻吗？不管杀人还是救人，你不要让他半活不死地受罪啊。你如今害得我上不着天下不落地，这哪里是你的慈悲方便啊，你出了钱来养活着我就是为了让我活受罪吗？从前释迦牟尼在灵山修道的时候，曾经割肉喂虎，刳肠饲鹰，师兄你道行清高，难道学不得一星半点儿？如果除了满足我生活的需要你不能够满足我感情的需要，那从此以后，你就不要再在我面前晃来晃去，让我的感情不能够平静。那结果呢，这个和尚就满足了这女子的愿望，跟她结了婚。可是后来，当这个女子死了以后，这老和尚就又去出家了。所以这个戏叫作《垂老禅僧再出家》。这个剧本的故事听起来很荒唐，其实它也有出处，顾先生是取材于中国古代的一本笔记小说《夷坚志》，但那笔记小说只是讲了一个外表的故事，而顾先生用他的道白和他的曲辞写出来的，是释迦牟尼割肉饲虎、刳肠喂鹰的一种牺牲自我来救赎别人的精神。而且还不只如此，他还写了这个老和尚灵性未泯，虽然是结了婚，但最后又出家了，真正达到了修行完美的地步。一个人生活在世上，你曾经做出了一度的牺牲，但你是为了救赎别人而不是为了自私的情欲落入尘网，而且你没有就此被尘网绊住迷失了本性，最后还是完成正果了。这写的是一种精神。《五灯会元》里有一个故事说：

深禅师同明和尚到淮河，见人牵网，有鱼从网透出。师曰："明兄，俊哉，一似个衲僧相似。"明曰："虽然如此，争如当初不撞入网罗好？"师曰："明兄你欠悟在。"明至中夜方省。

为什么未撞入网的鱼反而不如从网里跳出来的鱼呢？因为你从来没有入过网，为了自保，你避免接触世间的一切，这其实是狭隘的、自私的，而且将来你万一被网进去还不一定能跳得出来。只有进了网而且能够跳出来的鱼，它才是真正不能够被网住的。所以说，舍己救人，这是这出戏的一层意思；舍己救人之后自己还能够从网中破网而出，走上一个新的进步的阶梯，这是这出戏的另一层意思。

还有一出戏，表面看来是更加荒谬的，这就是《马郎妇坐化金沙滩》。说是在一个地方有一个大家认为非常浪荡的女子，她专门跟那些孤独寂寞的、需要女子安慰的人同住。所以整个社会的人都指责她、骂她。我说过的，顾先生是一个很好的诗人跟词人，他的语言、文字是非常精美的，而且他的那种托喻和象征，有的时候是在故事的情节里表现的，有的时候就是从他的语言文字的曲辞之中表现出来的。在这出戏里，扮演马郎妇的是个正旦——元杂剧里的女主角就是旦，男主角就是末。在这出戏的第一折，这个正旦走上来说，今天的天气清和，我要到各处走一走。然后，她就唱了一支曲子：

[黄钟醉花阴]云幻波生但微哂，万人海，藏身市隐。你道俺恋红尘，那知俺净土西方坐不得莲台稳。

这个曲子写得非常好。“云幻波生”——那世界上的事情，得失成败，盛衰兴亡，你争我夺，钩心斗角，真是云幻波生，都像浮云的变幻，像海浪波涛的起伏。她说，我一个得道之人，面对你们人间这些得失祸福，这些盛衰兴亡，这些钩心斗角，我只是付之一笑。因为这都是虚妄的。她说你们看我的外表，看不出我有什么与别人不同之处，我每天就藏身在市井中来来往往的众人之间。——“万人海藏身市隐”，它来自苏东坡的一句诗“万人如海一身藏”。她说，那么你以为我真的是迷恋这世间的一切吗？你以为我真的是为了世俗的感情和世俗的名利来到这个世界上的吗？不是的，我来到这里是因为我看到社会上的人这样愚执，这样迷惘，所以我一个人在西方净土的莲台之上不能够心安啊！我不能一个人坐享莲台的清静之福而眼看着这么多人生活在罪恶和苦难之中，所以我来了。

顾先生不赞成那种只顾自己清修的“自了汉”，他曾说，当这个世界上的大部分人都像虫子一样在污秽的地面上蠢蠢爬行的时候，有一些人能够飞起来离开污秽的地面当然很好，但那并不是最高的境界。最高境界的人，他虽然能够飞起来却不肯独善其身，他不惜落下来回到污秽的地面，教给大家怎样才能飞起来，一起离开这污秽的地面。所以马郎妇接下来又唱了一支曲子说：

[喜迁莺]好叫俺感怀悲愤。但行处扰扰纷纷，朝昏，去来车马，恰便似漠漠狂风送断云，无定准，都是些印沙泥的雁爪，沿苔壁的蜗痕。

这个“俺”字的称呼，是元曲里边的习惯，因为元杂剧最初是给市井之人演出的，那些唱的人也都是市井之人，所以他们习惯于自称“俺”。而我们在写杂剧的时候，也要保持它原来的风格，所以也要自称“俺”。她说你看那城市之中，没有一个地方不是纷纷扰扰的，早晨晚上来来去去车行马跑，都是为追求名利，就像是一片狂风卷起尘土，像天上的云彩被风吹过，那都是虚浮的过眼烟云，那种追求是愚蠢的。你每天辛辛苦苦忙忙乱乱，可知道真正的人生意义和价值是什么吗？你们的奔走其实就好像是天上的飞雁偶然落在沙滩上印下一个指爪的印子，又好像是蜗牛在一个长满青苔的墙壁上爬过去留下的那个痕迹。那是没有任何意义和价值的啊！接下来她又唱道：

[出队子]有谁知此心方寸。田难耕，草要耘，一分人力一分春，转眼西天白日曛，可怜这咫尺光阴百岁人。

有谁真正知道自己内心最重要的东西是什么？我们常说心田心田，你要把你的内心也看作一片需要耕种的土地，只有好好地耕种你那一片心田，才能使你的内心结出好的果子来。有的时候，你的内心也会产生一些杂念和妄想，有的时候，你的内心也会产生一些爱恨恩仇，那些都是杂草，所以要耕要耘。要知道，人的心田也像土地一样，付出一分劳力就有一分收获，付出一分人力就有一分美好的春天啊！你还要知道，你幸而生在世界上成为有思想的一个人，可是人生不过百年，转眼间就到了黄昏，你马上就面临着死亡，而真正的人生意义和价值你找到了吗？所以接下来她说：

[幺篇]死前争自夸英俊。纷纷论怨恩。到头来不认得自家身。也只为眼里无珍一世贫。枉在这人海波中生细纹。

每个人都自以为不错，每个人都跟别人结了很多恩怨，可是你把握了真正的你自己吗？到头来你追求的都是虚妄的东西啊。由于你眼睛里边没有认识人世之间哪些是最珍贵的，所以你其实一辈子都是贫穷的。你一辈子总是觉得空虚觉得忧愁觉得困惑，总是觉得人家都对不起你，那你就真是“眼里无珍一世贫”，就白白地生而为人了。所以你看，顾先生用曲文表现了一种人生的哲理，写得非常之深刻，非常之能够打动人。

接下来剧本中写，因为马郎妇名声不好，有很多小孩子围着她大呼小叫。于是她就叫那些小孩子们“叫一声娘来”。那小孩子们就说，你是什么东西，我们怎么会叫你娘呢！接着马郎妇就又唱：“哎，亲，娘最亲；蠢，您最蠢。”这个“您”，就是“你”的意思，这也是元杂剧中习惯的用法。她说，我是有心来救赎你们的，所以我和你们是最亲近的，而你们却不肯认我，那就是蠢哪。接着又唱了一支曲子：

[刮地风]俺也会到得这寒宵将您那棉被儿温。俺也会准备您的箪食盘飧。俺也会嘘寒送暖将您来加怜悯。俺为您作几件儿衣巾。作两套儿衫裙。爱您似竹林的春笋。我送给您腮边的蜜吻。到晚夕卧床边将您来怀中抱稳。为甚么您偏生不认真。跪面前叫一声娘亲。

小孩子们就要拾砖头来打她，于是她又唱道：

[四门子]您生得来忤逆不随顺。俺待您的好心您的眼不看，说的好话儿则您的耳未闻。赤紧地扔砖头抛瓦块，将俺来相蹂躏。攘攘地乱交加，哑哑地胡议论。则您那天性儿蠢。灵性儿昏。小孩子家也待要眠花卧锦裀。闻麝兰觅雨云。

然后道白：“不羞不羞，您那小身量上秤来”，然后接唱：“压稳了定盘星不到十数斤。”在这一折的最后一支曲子中她说：

[古水仙子]您辜负了爷娘天地恩。糟蹋了挨金比玉身。不听那老的儿明言和那长亲的严训。胡行为，没要紧。小人儿坏了天真。俺有甚心情钗光鬓影将您来诱引。您可也休得要沾惹这陷人坑，绊马索，迷魂阵。直落得一年春尽一年春。

总之顾先生写的这个马郎妇，她是要以牺牲自己来度化别人，可是大家不但不认识她不理解她，而且欺侮她排斥她。到最后的第四折，有一群长老把她赶到金沙滩上，要她永远离开这个地方。这些人骂她："你这小贱人，还不曾走吗？"马郎妇说："俺与你每相见一面，便索长行也。"然后她接连唱了四支曲子：

[金菊香]休得要立时催俺便登程。由古道三宿空桑尽有情。也不索双眸看人雨泪盈。则伴着这水绿山青。数语话生平。

[幺篇]俺本是白莲过雨自盈盈。相伴中天古月明。红尘任教餮落英。则俺这真性。圆明清过他玉壶冰。

[幺篇]俺也何尝行浊害言清。常是在十二瑶台独自行。又何须身骑凤鸾归帝京。怕的是白日飞升。您也只当作银汉渡疏星。

[醋葫芦]俺独自来，独自行。一身来去要分明。休猜作无是无非廊下僧。被世尘淹埋了真性。您可也勤修且莫问前程。

她说，你们不用这么匆匆忙忙地催赶着我走，要知道人在一个地方待久了，对这个地方是会产生感情的，所以我有几句话想要跟你们说。我本来是水中的一朵出淤泥而不染的莲花，和我相伴的是天上万古的明月。我的本性是圆明的，可是就算我在你们面前坐化了，你们也不认得也不懂得。你们仍旧是世俗之人，没有得到真正的救赎，所以你们不用管我到哪里去，但你们一定要“勤修且莫问前程”。那些长老就说：“仍旧是一派胡言乱语，您那年青人莫要听他。”于是马郎妇接着唱：

[幺篇]却道俺胡乱言，嘱咐他休要听。您素常时将俺来打骂着呵，何曾有半点儿害心疼。恨不得结果了俺这飘蓬和断梗。则您那年青时行径，敢也有过花梢明月照春庭。

[幺篇]俺常准备着肉饲虎，肠喂鹰。走长街吆喝着卖魂灵。您当俺不是爷娘血肉生。俺生前无谁来相亲敬。俺死后将这臭皮囊直丢下万人坑。

[浪里来煞]俺则见水自流，云自行。则那行云流水两无情。您少年人也休要害相思，得病症。您老年人也不须双眼努得圆似铃。我请那释迦佛来作证。则被着恶名儿直跳下地狱最深层。

于是她就坐化了，全剧到这里结束。这出戏也有其取材的出处，它出于明朝梅禹金的《青泥莲花记》，那本书中所写的，多是被泥涂所玷污而内心却保持清白的、与佛教有关系的人，因此叫“青泥莲花”。如果说，我们前边讲的《垂老禅僧再出家》主要是从情节上表现了哲理；那么这一本《马郎妇坐化金沙滩》则主要是通过马郎妇所唱曲子的唱词表现了哲理。在我们这个世界上，有的人天生来就抱着一种自我牺牲的心志，准备忍受所有的侮辱和痛苦，为的不是自己的利益，而是救赎他人。牺牲自己的生命也许容易，牺牲自己清白的声誉就很难。有些人带着很多政治上或名誉上的污点死去，可是他们是为了救赎他人而染上这一身污点的。这种事情我很难给你们举一个具体的例证，但我相信，世界上是有这样的人，有这样的事情的。而顾先生就是用马郎妇表现了这样一种人生哲理的精神。

我曾经一度以为，顾先生这种富有象征和比喻性的戏曲，也许与西方所谓荒谬的戏剧有某种继承关系。比如我们现在国内都很熟悉的撒姆尔贝克特的《等待果陀》，就是两个人在舞台上说一些无聊的话，说是都在等待一个叫果陀的人，最后一个小孩子上来，说果陀不来了。第二幕同样是两个人，同样是说一些无聊的话，最后小孩子又上来了，说果陀不来了。这个剧本没有情节也没有故事，你不知道他说的是什么，这真是人生的荒谬。可是，你每天所说的话、所做的事情，果然都是有意义的吗？就是在这种无聊的没有意义的生活之中，你在等待一个救赎，但那救赎的人到底也没有来。作者所要表现的就是这种人生的困境，那确实反映了一种人生的哲理。我本来以为顾先生的戏曲可能与他们有关系，可是我后来仔细地查了这些荒谬派剧作家的生卒年代，比如说撒姆尔贝克特的生卒年是1906—1989年，哈洛德品特是1930—2008年，尤金伊欧尼斯柯是1909—1970年，他们的荒谬剧作在中国流传开来，其实已经是比较晚的时候了。因此我认为，顾先生写这样的剧本并不是受到西方荒谬戏剧的影响，而是受到了俄国安特列夫那种小说的影响。安特列夫的时代比较早，生卒年是1871—1919年。而顾先生之所以注意到安特列夫，则是从鲁迅那里来的，是鲁迅兄弟首先翻译了安特列夫的小说。

可是有一点顾随先生与他们不同，不管是荒谬剧也好，不管是安特列夫的象喻性的小说也好，都是悲观的，表现的都是人生的绝望。而顾随先生则不然。在顾随先生的戏剧里边，常带有一种热情、一种希望。就以我们刚才读过的马郎妇来说，她是抱着救赎的心情来的，并不完全是一个悲剧。而像祝英台，虽然相爱的两个人都死了，表面上是一个悲剧，但是他所要表现的是那种真诚之爱的力量永不消灭，所以二人的精神感情死而复生，变成一双蝴蝶飞走了。除了这一点不同之外，还有一出戏更能看出顾先生和他们的不一样，那就是他晚年所作的《游春记》。

《游春记》比较长，一共有两本八折。这个故事出于《聊斋》里边的《连琐》。《聊斋》里面原来的那个故事并没有什么哲理的意思，是顾先生把它改编成杂剧的时候，给予了它哲理的蕴涵。“连琐”是一个女鬼的名字，说是有一个书生进京赶考，住在荒郊野外的寺庙之中，每天晚上听到窗外有人念诗，反反复复只有两句：“元夜凄风却倒吹，流萤惹草复沾帏。”“元夜”是十五之夜，那是秋天里一个月圆的晚上。“倒吹”，形容秋风吹来之强劲。荒郊野地到处都是萤火虫，它们不但在草丛之中飞舞，而且已经沾惹到我的床帏上。这是很悲凉的两句诗。这书生当然也是会作诗的，就给她续了两句："幽情苦绪何人见，翠袖单寒月上时。"那女子便无声了。书生出去寻找，只在草地上找到了一个香囊。第二天，那个吟诗的女子就到他的书斋来见他，告诉他自己不是人而是一个死去二十多年的鬼。后来两人的感情越来越深，这个女鬼就对他说，我近来这么长时间地跟你来往，我的白骨已经有了生意，可是却差一点点不能够复活。书生就问她，你怎样才能复活呢？她说要生人的一点鲜血。——这在中国如此，古代用三牲祭祀，一定要流出血来，才得到生命的救赎；古人结盟，不是也要歃血吗？西方其实也是如此的，耶稣也是为救赎人类而流了他的血。书生说，只要能够把你救活，我何惜一点鲜血！于是就割破手臂，把自己的鲜血滴到女子的肚脐之中。女子嘱咐他说，某年某月某日某时，你一定要对准这个时间，带着人到我的坟上去，听到树上有一只青鸟在叫的时候，就挖开坟墓，我就能得到复活了。这本来只是一个女鬼的故事，顾先生写这个剧本的时候正是1944、1945年我们跟他念书的时候。记得那时他常常跟我们学生讨论，说这个剧本我是以悲剧结尾好呢还是以喜剧结尾好？悲剧结尾其实是正常的。首先，死人是不能救活的，你挖了坟墓她没有活过来，那就是一个悲剧；其次，就算你救活了，但将来人生也必有一死啊！但顾先生不是，顾先生不但写把她救活了，而且要写活过来之后二人在人世间有一段有意义的、美好的、圆满的生活。顾先生认为，中国传统所谓的喜剧，像汤显祖的《牡丹亭》，最后是大团圆，男的都封官了，女的都婚姻美满了，那不是精神上的而是物质上的，而物质上的追求其实常常是堕落与败坏的根源。顾先生所追求的喜剧，是要真正表现人生精神上的美满与光明的一种境界。这是很难的。因为，世界上毕竟悲哀的事情多，完全光明与完全美满是非常少见的。哪怕是一对最相爱的夫妇，结婚以后恐怕也没有完全不争吵的。天下果然有完全光明幸福与美满的事情吗？这不能不令人怀疑。但顾先生尽了他最大的力量做了，他写连琐复活以后，在一个美好的春天，书生与连琐两个人携手登山临海去游春，看宇宙的圆满，看日月的光明，所以叫《陟山观海游春记》。现在我把连琐登上高山俯望大海时所唱的一支曲子读一遍作为结尾吧。连琐说："相公，你听林籁涛声，宫商交作，好悦耳也。"然后唱道：

[耍孩儿]自然海上连成奏，多谢你个搊弹妙手，相伴着长林虚籁正清幽，珊珊珮玉鸣璆。说甚么翠盘金缕霓裳舞，月夜春风燕子楼，到此间齐低首。听不尽宫音与商音同作，看不尽云影和日影交流。

他们所欣赏的，不是人间的舞蹈，不是香艳的遇合，而是长林里边树叶的声响、大海之中起伏的涛声，那才是宫商交作的最美妙的音乐。天地之间没有罪恶，没有苦难，只有光明和圆满，这种人与大自然合而为一的美满境界，顾先生用他的语言文字表现出来了。这是顾先生通过这出杂剧所表达的一个对人间的美好祝愿。它不但突破了中国杂剧的传统，也突破了西方的悲剧与荒谬剧的传统。所以我敢用“空前绝后”四个字来称述顾先生在中国戏曲史中的成就。

附：西方文论与中国词学

叶嘉莹

对词之美感特质的探索是我多年来所致力的一件事情，说到此一动念之开始，可能要推原到1945年，当时我大学毕业不久，我的老师曾给我写过一封信，其中有一段说：

……假使苦水有法可传，则截至今日，凡所有法，足下已尽得之。此语在不佞为非夸，而对足下亦非过誉。不佞之望于足下者，在于不佞法外，别有开发，能自建树，成为南岳下之马祖，而不愿足下成为孔门之曾参也。然而“欲达到此目的”，则除取径于蟹行文字外，无他途也。……

——顾随1946.7.13致叶嘉莹书信

我的老师名字是顾随，顾随拼成英文念起来像“苦水”，所以他自称是“苦水”，其中非常重要的一句话是，“然而‘欲达到此目的’，则除取径于蟹行文字外，无他途也”。意思是说真的要想在老师说法的道理以外“别有开发，能自建树”，是要把英文学好，取径丁西方的学问。我的老师这样写了，但其实当时我的英文并不是很好，因为我生在一个乱离的年代，当我读初中二年级的时候发生了卢沟桥事变，日军占领了北京以后，我们增加了日文课，英文课被减少了很多。我大学读的是中文系，也没有好好地学英文。毕业以后不久，1948年3月我就结了婚，我先生当时在海军工作，所以我就离开了北京到了南京，可是不久，就在那一年的11月，国民党的海军从南京撤退了，我就跟随我的先生一起从南京经过上海坐船来到了台湾左营的海军军区，当时左营的军区刚刚建成，一片荒凉。

曾在我们家外院南房住过的许世瑛先生当时也在台湾，他就介绍给我一个在彰化女中教书的工作。在彰化女中教书的第二年暑假，我生了一个女儿，我女儿四个月大的时候，我先生就因匪谍嫌疑被捕入狱了。第二年暑假，我们彰化女中的校长和六个教师，包括我带着吃奶的女儿，都被抓进了彰化警察局，而且要把我们送到台北宪兵司令部。我抱着我的女儿去找了警察局长，说我在台北无亲无故，万一我有什么事，我的女儿连一个可以托付的人都没有，这个警察局长还不错，就把我放出来了。放出来后我无家可归，就只好去左营投奔我先生的姐姐、姐夫。我去到左营，一方面是投奔亲戚，一方面也想在左营可以打听我先生的消息，因为我先生就被关在左营。当时我们居住的环境都很窄，他姐姐、姐夫一间卧室，她婆婆带两个孩子一间卧室，我没有地方可住，只有每天等他们大家都安睡以后，才能在走廊上铺一个毯子带着我吃奶的女儿打地铺。暑假以后，幸而有人介绍我到台南一个私立女中教书，暂时有了一个安身的所在。三年以后，我先生被放出来了，证明我们没有问题，我才找了台北的一个工作，当时许世瑛先生在台湾大学教书，听说我们从台南来到台北了，马上就介绍我到台大去教书了。

我没有想过要学什么“蟹行文字”，可是天下有很多事情，有时候我真的觉得上天带领一个人是非常奇妙的，我先是在台大教书，后来台湾成立了淡江大学，许先生做中文系主任，就约我到淡江去兼课；辅仁大学在台湾复校了，当年辅仁大学教过我的老师戴君仁先生做了系主任，也约我去兼课，所以我任教了三个大学，都是专任，还教了一个“教育部”的大学国文广播课程、一个教育电视台的古诗课程。当时我们中国大陆对外不开放，所以西方很多研究汉学的学者就都到台湾去交流。这时台大的钱思亮校长通知我，说已经答应了密歇根州立大学把我交换出去，要我补习英文。当时来面试的学者是哈佛大学的海陶玮（Hightower）教授，海教授面试以后就要求把我交换到哈佛，请台大另外派一个人到密歇根，但台大的钱校长说已经答应了密歇根，不可以换人。海教授就要求我七月先到哈佛，九月开学再到密歇根。我在密歇根交换了一年，第二年哈佛大学就邀请我去做访问教授（visiting professor）。南开大学出过上下两册《中英参照迦陵诗词论稿》，是中英对照的我的论文集，就是哈佛大学的海陶玮教授约我去合作时，我帮他翻译陶渊明的诗，而他就把我很多篇文章都翻译成了英文，海陶玮先生本来是学中文的，他应该跟我用中文对话，可是他跟我讨论的时候总是说英文，所以我就学了很多关于中国诗词的英文术语。

这个时候我已经把我先生跟女儿接出去了，其实主要是我先生一心要出去，而且出去以后就不肯回台湾了。可是我的交换期是两年，两年期满我坚持要回台湾，因为台湾的三个大学，许世瑛先生、戴君仁先生、台静农先生都对我非常好，现在人家开学了，我不能不回去，不能做这样对不起人的事情，何况我还有80岁的老父亲在台湾，我就回台湾去了。回去以后我要把我父亲接出去，但是我并没有能回到哈佛，因为美国说你除非办理移民，所以我过不去美国，海陶玮先生就又把我介绍到加拿大的UBC（不列颠哥伦比亚大学）去教书。我为了养家糊口在UBC教书，可是作为一个专职的教员，我不能只指导两个研究生，学校说我要教大班的本科生的课，所以我就被逼地要用英文讲课，还要用英文看学生写的论文，所以我的英文就慢慢被逼出来了。而且我这个人不但是好为人师，还好为人弟子，我还抽了空旁听UBC的英文诗的课程、英文文学理论的课程，那个时候我没有想到我学这些英文、听这些课程有什么作用。是到若干年以后我才明白，我老师说的“欲达到此目的”必须“取径于蟹行文字”的重要性。

下面我要说到我平生所致力研究的一个问题，就是“西方文论与中国词学”，这不是一个现成的题目，我不是用一个西方的词语或理论来套在我们中国的文学上。以前有些人这样做，比如他说外国的文学很多词语都有一种象征的意思（symbolic meaning），他就说中国诗里边常常说香炉、蜡烛，应该也有象征的作用，香炉就是女性的象征，蜡烛就是男性的象征，可是我们中国诗歌从来没有这样的传统，“蜡烛有心还惜别，替人垂泪到天明”（杜牧《赠别》）并不是男性、女性的象征。他们是生搬硬套，而我用西方文论解释中国词学，是我几十年慢慢研究出来的结果。因为中国的词学始终没有建立起来。直到张惠言、王国维也没有建立起来。大家都恍兮惚兮，觉得词里边是有些个诗所未曾表达出来的东西，我们普通说诗词，好像都是韵文，抒情写景，其实“诗”与“词”两个名字是有着非常大的根本的差别的。

诗的根本的作用是言志，“诗言志”的说法是从《尚书·尧典》就开始的，“在心为志，发言为诗”，把你内心的“志”用言语表达出来，这就是“诗”。杜甫是正宗的诗人，是中国诗歌言志传统的代表，所以读杜甫诗是学诗的基础，读诗一定要从杜甫入手。杜甫写过《自京窜至凤翔喜达行在所三首》，写的是自己潜出长安逃到肃宗所在凤翔的过程，是自己血泪经历的诗篇，这是真正的好诗。判断一首诗是不是好诗，第一，要看所写的是不是与自己生命生活密切相关的、发自内心的情志；第二，是有了这种生活的体验，有了真挚的感情，你怎么样表达。所以是要能感之，而且能写之，这是杜甫之所以了不起的地方。下面我们就举引他的《喜达行在所》三首诗来一看：

其一

西忆岐阳信，无人遂却回。

眼穿当落日，心死著寒灰。
雾树行相引，连山望忽开。
所亲惊老瘦，辛苦贼中来。

他先从自己对祖国后方的怀念写起，“西忆岐阳”，岐阳就是凤翔，在长安的西北，没有一个人从后方回来能够把大后方的信息告诉他，所以“西忆岐阳信，无人遂却回”。“眼穿当落日”，我每天向西方看，望眼欲穿，“心死著寒灰”，心断念绝，所以他忍不住才从长安逃到凤翔去。这是杜甫写的三首诗中的第一首，像抗战时期，我们身陷北平，真是不知道我们的国家政府什么时候回来，我的父亲什么时候回来，我的母亲去世了我的父亲现在在哪里，都不知道，这是我自己个人的亲身经历，所以对杜甫这类诗，特别有共鸣。

其二

愁思胡笳夕，凄凉汉苑春。
生还今日事，间道暂时人。
司隶章初睹，南阳气已新。
喜心翻倒极，呜咽泪沾巾。

我说过一个人要能感之而且能写之，你内心麻木不仁，什么都没有感觉，当然写不出诗；你心里有感觉、有感情，而不能够恰到好处地把它说出来，也不成诗。可是作诗其实没有什么困难，每个人的内心都有感受，把自己内心的感动写出来，这是每个人应该有的权利。杜甫写得真是好，“生还今日事，间道暂时人”，我今天还活着，我真的回到后方见到我的朋友，我才知道我是活着回来的，可是当我在“间道”，就是小路上偷偷地逃跑的时候，我是“暂时人”，因为我不知道下一刻、下一分钟我会碰到什么，我不知道还能不能活下去。

杜甫的诗真是血泪写成的，他写过一首题目很长的诗，《至德二载甫自京金光门出间道归凤翔乾元初从左拾遗移华州掾与亲故别因出此门有悲往事》，杜甫投奔到后方，后来肃宗收复了长安，杜甫做了左拾遗，他跟着皇帝回到长安，心里高兴得不得了，这是他平生的志意，要为朝廷做一番事业，看到朝廷的缺失一定要提出谏言，所以他左上一篇奏疏、右上一篇奏疏，今天说你这里不对，明天说你那里不对，皇帝一生气把他贬出去了。杜甫因此有很深的悲慨，我当年是从这个门九死一生地逃出去投奔了我的祖国，现在朝廷把我给赶出去了，我走的就是我当年投奔它时所走的那个门，所以他说“因出此门”，我又走了这个门，“有悲往事”：

此道昔归顺，西郊胡正繁。
至今犹破胆，应有未招魂。
近侍归京邑，移官岂至尊。

无才日衰老，驻马望千门。

第一句他说“此道昔归顺”，我就是走这条路投奔的祖国，“西郊胡正繁”，那时候长安城的西郊都是胡人，都是安禄山他们的兵马，我可能随时被抓，随时被杀死。“至今犹破胆，应有未招魂”，我当年真是心惊胆破地逃出来，我到现在还惊魂未定。“近侍归京邑”，我以亲近皇帝左右的左拾遗的身份返回长安，“移官岂至尊”，现在把我赶走，这难道就是皇帝的意思吗？“无才日衰老，驻马望千门”，我现在要离开我真正关心的国家首都所在的长安，我无才而又衰老，我还能够回来吗？我不忍离开，所以我就停下马来“望千门”，“千门”指的就是都城的宫殿。杜甫从此一去，再也没有能够回来，只能“每依北斗望京华”（《秋兴八首（其二）》），最后死在道路之上。我们看杜甫的《乾元中寓居同谷县作歌七首》，他逃到同谷的时候，天寒、冰雪载途，没有食物吃，杜甫到山上去挖植物的根，“长镵长镵白木柄，我生托子以为命”，他说我现在靠这个铲子活命，可是我铲了一天，没有挖到任何可以吃的食物。杜甫真是历经艰苦，他的诗真的是言志的诗篇，所以杜甫是诗里边的诗圣，而且是正宗。我也喜欢李商隐，可是李商隐的诗绝不是正宗。我们现在说的是诗，后来出现了词，词跟诗是完全不一样的。

中国文化曾有几次的进展和转化，都受有外来文化刺激的影响，如果没有外来文化刺激，而是陈陈相因，文化就越来越衰微了。我们知道词最早就是敦煌曲子词，敦煌曲子的产生是因为西域的胡乐传到中国来了，敦煌是个交通的要道，所以传到敦煌，当然它也不完全是新来的，它是把西域的胡乐，跟中国宗教的法曲，跟原来的清乐结合起来的一种新的音乐。是因为有外来的因缘，才有了敦煌的曲子。敦煌的曲子是新的音乐，有很多新的调子很好听，就有许多人给这个调子填词，可是当时来往的主要是商人，文化水平不是很高，所以敦煌的曲子文字都不够典雅，直白浅露，而且还有错字、别字。可是后来有些文人听到这些曲子，就也按照这新的调子填写一些歌词，像白居易就写过《忆江南》。填写歌词的诗人文士慢慢多了，所以后来到了五代的后蜀，赵崇祚就编订了一册《花间集》，欧阳炯为这个集子写的序文说编辑《花间集》的目的、动机就是“庶使西园英哲，用资羽盖之欢；南国婵娟，休唱莲舟之引”，要给那些美丽的歌儿酒女编一本歌词的集子，让她们唱一些文人写的美丽的歌词，不要只唱那些庸俗的调子。所以《花间集》本来是歌筵酒席之间搜集了诗人文士所作的一些比较文雅的歌词，是给那些歌儿酒女去歌唱的。我们一看《花间集》的名字就是一本书，其实它名字的取义用英文说就是collection of songs among the flowers，在花丛里边唱的歌，花丛里边唱的歌写什么，主要就是美女跟爱情（beautiful girls and love）。所以《花间集》中所收的歌曲都没有题目，只有曲调的名字，这与杜甫那一类所谓言志的诗，实在有很大的不同。但有的时候，世界上一个偶然的事件，有可能会对后来产生极大的影响，西方称之为Butterfly Effect，就是“蝴蝶效应”，说南美洲森林里面一只蝴蝶扇一扇翅膀，结果大洋彼岸就可以引起一场风暴，这当然是夸张的说法，就是有时候一件小事情，结果在世界上发生了重大的影响。我以为《花间集》的出现在文学史中、在诗歌上就有这种蝴蝶效应，它使中国的小词有了这么深厚的意蕴，成为一种足以跟诗对立的文体，它的分量、内容、情意可以跟诗站在平等的地位，而它能够写出来诗所不能够写出来的东西，这是世界上非常奇妙的一件事情。

后来的读者从小词里面看到了很多很多的意思，它表面上都是写美女跟爱情，可是它可以引起来读者很丰富的联想，这是为什么呢？这些联想又是何所指向呢？温飞卿的《菩萨蛮》（小山重叠金明灭），表面所写就是一个女子早上起床、化妆、换衣服这样的情景，用中国传统的说法从内涵说起来，温庭筠所写的就是闺怨之词，就是写一个孤独的女子。“小山重叠金明灭”，太阳出来了照在屏风上，“鬓云欲度香腮雪”，这个女子一转头，头发从脸上遮过来了，然后她起来了，“懒起画蛾眉”，而屈原《离骚》曾说“众女嫉余之蛾眉兮，谣诼谓余以善淫”，唐朝杜荀鹤《春宫怨》也曾说“早被婵娟误，欲妆临镜慵。承恩不在貌，教妾若为容”，中国传统诗歌里边所写的女子就是宫怨和闺怨，所以一般中国的女子都是思妇、怨妇。而在中国的诗歌里为什么都是怨妇、思妇呢？从《古诗十九首》“思君令人老，岁月忽已晚”就是如此，这是中国的社会伦理的家庭制度所形成的必然的结果，“好男儿志在四方，岂能株守家园，效儿女子之态”，男人是一定要出去，不管你是在文治武功上建功立业，还是行商坐贾，“前月浮梁买茶去”，男人为了谋生，他必须出去，而女人则是一定不可以出去，一定要闭守在家门之中侍奉翁姑、教养子女、料理家事。整个历史的社会的背景就注定了中国诗里面的女人都是思妇、怨妇。男人出去了，女子在家中那当然就是思妇，一天到晚相思怀念，不知道丈夫哪天才回来，“门前送行迹，一一生绿苔”“八月蝴蝶黄，双飞西园草。感此伤妾心，坐愁红颜老”（李白《长干行》），这是思妇。如果这个男子在外边另外跟别的女子好了，甚至于结了婚，家中的女子就从思妇变成怨妇了，《西厢记》里边崔莺莺就对张生说“若见了那异乡花草，再休似此处栖迟”。温庭筠这首词就是写一个女子化妆、爱美、要好，最后“新帖绣罗襦”，衣服上最近帖绣的罗襦的短袄，绣的是“双双金鹧鸪”，这就跟一对鸳鸯的象征是一样的，是用来反衬女子的孤独寂寞。

张惠言以比兴寄托论词，说温庭筠的词是“感士不遇也。篇法仿佛长门赋，而用节节逆叙”（《词选》）。但是温庭筠写的这个美女，很可能就只是写一个女子因所爱的人不在家的那种寂寞的情怀，有什么贤人君子的用心？所以王国维就反对张惠言，他说“飞卿《菩萨蛮》……兴到之作，有何命意？皆被皋文深文罗织”（《人间词话》）。王国维就说了“词以境界为最上。有境界则自成高格，自有名句”，他说词里有境界，可是王国维也没说明白境界是什么，而且王国维从一开始就混乱了，他说的是词里有境界，可是他后边所举的例证，说“境界有大小，不以是而分优劣。‘细雨鱼儿出，微风燕子斜’，何遽不若‘落日照大旗，马鸣风萧萧’”，都是诗的例证。我初中一年级时，我母亲给我买了一套《词学小丛书》，我就读了词，也读了王国维的《人间词话》，我觉得王国维的《人间词话》有几段写得好，就是他评温韦冯李四家词，可是他说什么是境界，我从小就没有看明白。大家都觉得词很微妙，可以给读者很多联想的可能，可是你说它是什么？是比兴寄托，太狭窄了；是境界，太广泛了，张惠言、王国维他们都没有把词的真正的好处和作用说出来。

小词里面有一个可以引起读者非常丰富的，而没有一定专指的种种的联想的作用。那么这个东西应该叫什么，而且这种作用是从何而来的？这是中国文学史上从来没有回答、没有解决，从来没有人真正解说明白的一个问题，也是我一直在想的一个问题。直到很久以后，我在西方看了很多西方的理论，才慢慢能够说明。不是说西方的理论就比中国的好，但西方理论是思辨性的，不像中国只是印象的描述，而且我去到北美的那个年代是西方的文学理论最盛行的一个时代——60年代，我是1966年出去的，1967、1968年在美国，回到台湾一年，1969年来到加拿大的UBC。很多新的理论，而且是非常好的、精华的、扼要的理论都是那个时候出现的，其实现在西方的文学理论已经没有那么精彩了，已经走入一条驳杂而不是很正常的道路去了。我赶上了那个时代，也看了很多西方的理论的书，同时因为我要用英文教书，“境界”跟“兴趣”说不明白的，我就尝试用了西方的理论来解说。

20世纪中期正是女性主义（feminism）盛行的时候，女性主义兴起之初的旨意本是要追求男女平权，法国女性学者西蒙·德·波伏娃（Simone de Beauvoir）写过一本书，《第二性》（*The Second Sex*）。西蒙·德·波伏娃讲男女平权的书与小词有什么关系呢？因为《花间集》都是写美女跟爱情，不管是用男子的眼光或者是用女子的口吻，要研讨词的特质一定要重视《花间集》中的女性叙写，所以要从女性主义谈起。西蒙·德·波伏娃的《第二性》提出女性是第二性，是男性眼中的“他者”（the other），是“被男性所观看的”（being looked at）对象。而且她说男性看女性是一种male gaze，就是说是带着男子的性趣味的这样的一种凝视，这是西蒙·德·波伏娃站在男女平权的这种思想上所提出来的。我们回到中国，看看中国早期花间词中所写的几种女性形象：

第一种就是西蒙·德·波伏娃所说的being looked at，就是被男性作为观赏对象的女性，像欧阳炯的《南乡子》：

二八花钿，胸前如雪脸如莲。耳坠金环穿瑟瑟，霞衣窄。笑倚江头招远客。

“二八花钿”，二八一十六，女子最美丽的年华，这个女孩子头上戴着花钿，“胸前如雪脸如莲”，这是男性的眼光male gaze看到的，“耳坠金环穿瑟瑟”，耳朵上戴着黄金的耳环，上面还穿有“瑟瑟”的颜色美丽的珠饰，“霞衣窄”，穿着很窄的紧身的彩霞一样的衣服，“笑倚江头招远客”，一个摆渡船的女子含着微笑在江边招呼客人来上渡船。这是《花间集》里边写的男人眼中的女性。

第二种就是爱的对象（sex object），像欧阳炯的《浣溪沙》，完全是爱欲的描写：

相见休言有泪珠，酒阑重得叙欢娱，凤屏鸳枕宿金铺。　兰麝细香闻喘息，绮罗纤缕见肌肤，此时还恨薄情无。

以上是《花间集》中的两种女性形象，是从男性的眼光来描写女性。可是《花间集》中的歌词是要交给歌儿酒女去唱的，所以它也有用女性的口吻来写的，那些用女性口吻写的词又是怎样的呢？

《花间集》中第三种女性的形象就是独处之女性的相思期待，像温庭筠的《菩萨蛮》：

小山重叠金明灭，鬓云欲度香腮雪。懒起画蛾眉，弄妆梳洗迟。　照花前后镜，花面交相映。新帖绣罗襦，双双金鹧鸪。

不要轻易地被张惠言用屈原的《离骚》绑架过去，客观上，这首词所写的是一个独处的寂寞的女性早晨从她被日光惊醒到起来描眉化妆穿衣照镜的过程，是一个思妇的形象。至于你因为他说蛾眉而想到屈原，那是张惠言的联想，温庭筠所写的是思妇、怨妇的形象。

所以《花间集》所写的三种女性形象可分为两类：一类是用男性的口吻来写的，其中一个是对于女性的male gaze，一个就是sex love；另一类是从女性口吻所写的思妇、怨妇。那么《花间集》写思妇和怨妇为什么就会引起张惠言和王国维这么丰富的联想，总觉得它里边有些东西，为什么会如此呢？

诗里边也写这种孤独寂寞的女子，也是怨妇，可是词里边所写的怨妇就和诗里边所写的怨妇有了很大的差别。中国诗里边所写的怨妇大多是有家庭归属的，是具有家庭伦理的身份的。可是《花间集》里边那些个女性都是歌儿酒女，她没有家庭的归属，不是妻子、不是女儿、不是母亲，是无所归属的女性。西方女性主义的理论家也讲了各种的女性，1980年玛丽·安·佛格森（Mary Anne Ferguson）编有《文学中的女性形象》（*Images of Women in Literature*）一书，分女性形象为五种类型，有妻子（the wife）、母亲（the mother）、偶像（women on a pedestel）、性对象（the sex object）、没有男人的女性（women without men）。这是西方的女性主义归纳出来的西方作品中的女性形象，西方没有词，他们归纳这些形象的根据是西方的小说。

卡洛琳·郝贝兰（Carolyn G. Heilbrun）就提出女性不只是这样的形象，有的女性的作者或者有的男性的作者是双性人格的。双性人格本来指医学上的雌雄同体（androgyny），或者是身体上的双性同体，或者是心理上是双性同体。卡洛琳·郝贝兰的《朝向雌雄同体的认识》（*Toward a Recognition of Androgyny*）一书讨论的是文学上的双性同体。

美国学者劳伦斯·利普金（Lawrence Lipking）是一位跟我同时代的理论家，我在哈佛大学教书时，他在西北大学教书。利普金写过一本书《弃妇与诗歌传统》（*Abandoned Women and Poetic Tradition*）。他说弃妇的形象是一个诗学传统，古今东西都是如此，而且写弃妇的作者往往是男性。男子有时不被重用，甚至被同事所轻视，也常常有被抛弃的感觉，而且男人比女人更需要弃妇的形象。如果一个女子被抛弃，"荡子行不归，空床难独守"（《古诗十九首·青青河畔草》），"前月浮梁买茶去"（白居易《琵琶行》），她可以直接说出来；可是男子更要面子，他在外边如果不得意，是不肯说的。所以利普金说其实男子更需要这种被弃（being abandoned）的形象。中国的小词表面上所写的是一个弃妇，可是很多被弃的男性就把自己套进去，而且他不但是读别人的弃妇形象有很深的感受，他自己也写弃妇，也许表面上他的显意识（conscious）里边写的是弃妇，可是他的潜意识（subconscious）之中，其实是表达了他自己失意的感情。所以小词里边所写的弃妇就很可能有男子的托寓，所以张惠言说温庭筠的"懒起画蛾眉，弄妆梳洗迟"是"感士不遇也"，这是一个男子得不到他人的欣赏，不被人家重用，所以他写了一个寂寞的女子的形象。《花间集》里的女性形象可以引起男子这么丰富的联想，不管他是把这个女子作为爱情所投注的对象，还是下意识（subconscious, unconscious）地把自己在仕宦上的不得志代入女子的相思怨别之中。我们现在是从女性主义来看小词的微妙，从基本的理论说明小词为什么可以引起人这样丰富的联想，可以被人解成有很多寄托、很多隐喻。这不是我抄袭的，这些零零碎碎的理论都是我多年来，自己一步一步看书、读书、思考建立起来的。

我们用女性主义说明了为什么词的女性叙写给读者丰富的联想，下一步我们要谈的就是这些联想该怎么样解释？所以我们就要从女性主义过渡到诠释学（hermeneutics）的理论。诠释是我们所需要的，一首诗要诠释，一篇文章也要诠释，一首词更要诠释，但是如果按照诠释学的理论来说，我们却永远找不到主体的原意。每一个诠释的人其实都是带着他主观的背景，他的性情、爱好、学识、经历，所以你看这首小词看出这么多意思来，他看这首小词看出那么多意思来，要找到作者原来的意思是什么，那是不可能的，因为每一种诠释都来自诠释者自身的主体意识，这是一个循环，西方的诠释学有一个术语就是诠释的循环（hermeneutic circle）。威廉·燕卜荪（William Empson）有一本书《多义七式》（*Seven Types of Ambiguity*），ambiguity是模棱两可、不清楚的，诗歌的解释有时候是模棱两可的，他列举了七种模糊不清的、模棱两可的类型。解释一首诗、解释一首词不是那么简单、那么容易的事情，你不知道这是不是作者的意思，而且它有多种解释的可能。"感时花溅泪"（杜甫《春望》），花上溅上了我的泪点吗？花瓣落下来像花在哭泣吗？所以诠释的循环，你就代表诠释者自己，而且它有这么多模棱两可的可能性。诗比较容易解释，因为诗是显意识的言语，可是小词就是写的美女跟爱情，这个作者写这个美女跟爱情的时候，他的显意识或他的潜意识里边是怎么来写的呢？同样写水边的女子，欧阳炯说"二八花钿，胸前如雪脸如莲"（《南乡子》），薛昭蕴说"越女淘金春水上，步摇云鬓佩鸣珰，渚风江草又清香"（《浣溪沙》），欧阳修说“越女采莲秋水畔。窄袖轻罗，暗露双金钏。照影摘花花似面。芳心只共丝争乱”（《蝶恋花》），同样是美丽的女子，同样穿着美丽的衣服，为什么不一样呢？欧阳炯的容易懂，可是欧阳修到底要说什么呢，“照影摘花花似面”，芳心为什么“只共丝争乱”，是什么使她的心乱？小词有的时候就在写美女之中有一种很微妙的东西，可以引起读者很丰富的联想，而它不是一个显意识的，它是隐意识的，是一种不知不觉的流露。

不管是中国的文学批评还是西方的文学批评，最初都是重视作者，作者写这首诗是什么时间、在什么地点、写给什么人，要考证一番。后来随着时代的演进，西方文学批评的重点转移了，从作者转移到了作品，我们说杜甫缠绵忠爱不是说杜甫这个人缠绵忠爱，是他的作品使我们感到缠绵忠爱，使我们感动，不能因为作者是好人就说作品是一首好诗，而是因为诗的语言文字使它成为一首好诗的。于是就出现了新批评（new criticism），脱离作者来到作品，诗的好坏在作品不在作者。T. S.艾略特（T. S. Eliot）提出细读（close reading），要一个字一个字地去读，这个字给你什么样的suggestion、什么样的association，这两个字的结合有什么样的作用（function）。西方的文学批评有几次演变，从作者到作品，从考证到诠释，诠释的依据是符号，他为什么说“美女”不说“佳人”，说“红粉”不说“红妆”，符号是重要的，所以要细读，重视每一个符号的作用。于是西方文论就有了符号学（semiology or semiotics），要以作品为主，以符号为主。你说因为杜甫是忠爱缠绵，所以他的诗就是好诗，这是意图谬误说（intentional fallacy），意图好不见得写出好的作品来，要重视的是作品本身的符号的表现。还有就是感应谬误说（affective fallacy），有人说这首诗写得太好了，我一边看一边流泪，这就代表着这是一首好诗吗？诗自有它艺术的价值，不是说让你哭了就是好诗，affective同样是一种错误。

后来批评的重点又转移到读者，捷克结构主义批评家莫卡洛夫斯基（Jan Mukarovsky），在《结构、符号与功能》（*Structure, Sign and Function*）一书中，将一切艺术作品（art work）分为两种，一种是艺术成品（artefact），另一种是美学客体（aesthetic object）。如果单独的只是一篇作品的话，它是一个艺术成品，比如杜甫的诗是一个艺术成品，你给不懂诗的人，它丝毫不起作用，所以诗是什么呢？诗是当这个作品被读者读到的时候它才成为一个美学客体，才有了美学的作用，真正把这个作品的价值完成的是读者，如果没有经过读者的阅读，杜甫的诗摆在那里再好它也只是一个艺术成品而不是一个美学客体。所以批评的重点从作者到文本，到读者，读者的接受，读者怎么接受。

德国的沃夫冈·伊赛尔（Wolfgang Iser）就提到接受的美学，他有一篇很重要的文章《阅读活动——一个美学反应的理论》（*The Act of Reading: A Theory of Aesthetic Response*），他说阅读的时候有两个极点（two poles），一边是作者（the author），一边是读者（the reader），中间是文本（text），所以从作者到作品到读者都是重要的，缺一不可。没有经过阅读就只是一个艺术成品，阅读以后它才成为一个美学的客体。杜甫的诗再好，“夔府孤城落日斜，每依北斗望京华”（杜甫《秋兴八首（其二）》），你给一个不懂诗的人去看，他根本不知道这说些什么。所以真正把作品完成，使它有价值、有意义、成为一个美学客体的是读者。按照西方的接受美学来说，读者对于小词可以产生这么多的联想，是因为小词里边有一种potential effect，我把它翻译成“潜能”，就是潜藏在小词里边的一种能力，你为什么觉得这个作品好，为什么觉得这个作品给你丰富的联想，是因为它的text，文字的本身给作品一种潜在的可能的潜力。

所以我要说，我努力了这么多年，很想把小词的微妙的作用找寻出来并加以说明。词的特色不要说那是比兴寄托，这是牵强附会；也不能说那是境界，这太浮泛了，都是不可靠的。我说好的词包含了丰富的潜能（potential effect），词的text的作品的本身包含了这么多的潜能，而这个作用要读者来完成，是张惠言说蛾眉有屈原《离骚》的意思、是王国维从词里面读出来有成大事业大学问的三种境界，这都是读者在接受的时候提出来的，而作品的本身提供的是一种潜能。

现在我要提出来一个更进一步的理论。我很欣赏一位意大利批评家弗兰哥·墨尔加利（Franco Meregalli），他写了一篇文章《论文学接受》（*La Reception Literaire*），在这篇文章中，他提出了创造性背离（creative betrayal）的说法，这就给了作品的内涵更多更丰富的可能性，当你读它的时候，你所体会到的可以不是作者的原意，你在接受的时候，可以有创造性的背离。

最近大陆要出一本温哥华曾经出过的书，是我的一些诗词的英文翻译，这本书完全是温哥华的翻译家陶永强律师翻译出版的，他给这本书起了一个名字叫《独陪明月看荷花》。我想陶先生之所以选这个名字，是因为他知道我的小名叫小荷，因为我是在荷花的月份出生的。那这“独陪明月看荷花”是从哪来的呢？这是我的梦中得句，孔子说自己老去了，“久矣吾不复梦见周公”，我现在是“久矣不复梦中得句”。我以前会在梦里出现一些诗，有的时候是一句，有的时候是两句，有的时候是一副联语，我觉得梦里出现的断句很有意思。“独陪明月看荷花”是我梦到的一句诗句，我醒来以后想把它凑成一首诗，可是我怎么凑都凑不成功了，因为人的显意识的活动跟潜意识的活动是不一致的，我怎么说都觉得被限制了、被拘束了，它本来是活的，你一说明就给它套圈子，它就死了。我平时很喜欢李商隐的诗，自己凑不成功，就忽然想到拿李商隐的诗拼凑了一首七言绝句（《梦中得句杂用义山诗足成绝句一首》）：

一春梦雨常飘瓦，万古贞魂倚暮霞。
昨夜西池凉露满，独陪明月看荷花。

前三句都出自李商隐的诗，“梦雨”句，是《重过圣女祠》一诗的首句；“贞魂”句，是《青陵台》一诗的第二句；“昨夜”句，是《昨夜》一诗的第三句。我这里完全脱离了李商隐原诗的意思，李商隐的《重过圣女祠》写传说中神仙一样的女子所住的地方是“一春梦雨常飘瓦”，他写的是雨中的圣女祠的景象，我把它断章取义拿过来了，对的是《青陵台》“万古贞魂倚暮霞”。“一春梦雨常飘瓦”，我所象喻的是一种幽微隐约而飘忽不定的情思；“万古贞魂倚暮霞”，所写的是一种上冲霄汉的光影，象喻的是坚贞的品节和持守，这两句都是抽象的景象。至于李商隐《昨夜》一诗，全诗是：“不辞鶗鴂妒年芳，但惜流尘暗烛房。昨夜西池凉露满，桂花吹断月中香。”首句出于《楚辞》“恐鹈鴂之先鸣兮，使夫百草为之不芳”，当鹈鴂鸟一叫的时候春天就过去了，本来我们都害怕鹈鴂一叫春天就走了，可李商隐说“不辞”，对于这种春天的消逝，我不逃避也不推辞，我的悲哀不在春天的不能挽留，我所惋惜的是“流尘暗烛房”，蜡烛的烛心应该是最光明的，代表一个人心头的光焰的闪烁，可是你这点内心的光明被尘土给遮暗了，这是值得惋惜的。“昨夜西池凉露满”，西方属金，是肃杀的，那么寒冷、凄凉、肃杀的西池，而且是满池的寒露，在这样心断望绝的寒冷的环境之下，古人传说天上的月亮里边有一些桂花树，八月十五月圆之日，天上的月亮会飘下桂子落在地上，“桂花吹断月中香”是说我那美好的希望和想象已经完全断绝了。我说“一春梦雨常飘瓦”是情思的绵渺，“万古贞魂倚暮霞”是持守的坚贞，“昨夜西池凉露满”，在这样寒冷的环境下，我把我的那句“独陪明月看荷花”加上去，寒风冷露之中的荷花，映着天上的一轮明月。我用的是李商隐的意思吗？不是啊，所以我们用古人的句子，我们的解释可以违背它的原意，把自己创造的情思放进去，就是文学接受中的创造性背离。我将李商隐的诗搬到这里来，是创造性的背离，王国维用成大事业大学问说晏殊、欧阳修的小词，也是一种创造性的背离。词这个东西是很微妙的，从作者到作品，到接受，到诠释，甚至于你接受和诠释的时候可以不是作者的原意，这是小词的微妙的作用。我认为在中国的文学史中，《花间集》本来是歌筵酒席之间给歌女编的一个collection of songs among the flowers，可是它却在我们后来文学演进的历史上发展、达成了这么丰富、这么微妙的启示和作用。而我们中国历代的学者曾经努力过，曾经尝试过要给它一个解释，张惠言说它是比兴寄托，王国维说它是境界，都不能使人信服。

我既然喜欢词，我一辈子都在教词，我就要把这个问题解决，所以我引了中国的词学，也引了西方的各种文学理论，我要给中国小词的微妙的作用一个说法，我不能限制在比兴，不能漫无边际地说那是境界，我所提出来的是小词中有一种潜能（potential effect），而这个潜能之所以形成，有我上边所说的这么多的原因。所以我一直认为，我一生之中真正努力完成的，是要把词的美感特质，它的原由、作用、理论解说出来，这真正是我自己独立完成的对于词的特质的一个根本的诠释和说明。我以为这在词学领域是很重要的开拓，解决了词学的一大问题，同时对于我的老师给我的书信中所提出的要“取径于蟹形文字”的教导，也可以算是一篇读书报告吧。

（本文由闫晓铮根据叶嘉莹先生2017年3月18日在北京横山书院和3月25日在天津南开大学寓所两次所讲《西方文论与中国词学》的录音整理而成，经叶先生审定。欲进一步了解叶先生的词学理论，请参看《迦陵论词丛稿》《词学新诠》及《唐宋词十七讲》等论著。）

跋：跨越时空的师生情意*

顾之京

20世纪80年代前期，张中行写了《顾羡季》一文，寄慨于我的父亲顾随1960年辞世之后，遗著遗稿损毁殆尽，而“每想到这件事，总不免有人琴俱亡之痛”。“人琴俱亡之痛”六字，出自中行先生一人之笔端，道出的却是众多学人内心共有的怅憾。的确，父亲顾随的名字渐渐地被人们淡忘了，那时候，包括三四十岁读过大学文科的一代年轻人，知道顾随其人者，恐怕也已是甚为寥寥了。但到了新世纪之初，时或见及学术界、出版界在提到顾随时，往往在前面冠以“隐藏的大师”“隐藏的大家”诸名号。这里既然提出了“隐藏”二字，实际已意味着隐藏者已然逐渐走近人们的视线，而渐显他原有的大师、大家的风貌。再到如今的2009年，父亲顾随的遗著包括“全集”在内已出版了十多种

* 本文原系《顾随与叶嘉莹》（赵林涛、顾之京编，河北教育出版社2009年11月出版）一书的跋，今由作者稍作修改，作为本书代跋。

（这还不包括正在编订、印行的书籍），至于相关的文章更是时或见诸报端与刊物的版面。

而今，我与林涛合作编订《顾随与叶嘉莹》一书，我草此跋文，之所以如此地不避“书券三尺”之嫌，只是想要说，二十余年的时光，置于历史的长河中，还不足以说是“弹指一挥”之间，而父亲顾随的身后事，却从令一代学人痛感“人琴俱亡”的阑珊灯火之中，发展到而今的景象，这是众多师长、学长、同辈学人以及后学才俊共同付出心血才智的结果，这之中，尤其令人不能忘记的是父亲的传法弟子叶嘉莹教授。

当改革开放的熏风刚刚吹动的时候，嘉莹教授即满怀报国深情回国讲学，她的足迹遍及大江南北、五岳东西，在全国各地的讲坛上，每逢开讲，时时说到“我的老师羡季先生……”，“青年时代师从顾随老师学诗……”，这预示了隐藏于历史大幕之后的顾随形象日后必然要走向幕前。

前溯到1974年，她于远赴海外二十余年之后，第一次回国探亲的时候，她最想见到的是自己的老师顾随，想要把自己这些年来秉承师教取得的成绩呈于老师座前，以期得到老师的首肯，以慰老师多年培植的苦心。但她得到的消息却是老师早已于1960年过世，且身后著述散佚无收。她在极度的苦痛之中，发愿搜集、整理、出版老师的遗著，以期弥补这历史造成的遗憾。

当1978年形势刚刚开始好转之时，她即利用每次回国讲学之机，急切实践自己发下的誓愿。她三十年前携去的当年手写的听老师讲课的笔记，多年来虽然辗转流离却保存完好，如今她带了回来，再如《苦水诗存》一集之外诸多未曾刊布过的诗稿，如人们只知有《积木词》一名而从未睹庐山真面目的《积木词》稿，等等，她都带了回来，不及一一详述。[1]她在北京讲学时，于自己下榻的宾馆邀请学长、同窗共议收集先师遗作的大事，于是有了吴小如先生提供的20世纪40年代经他之手发表的老师论古代小说的文稿两篇，有了刘在昭先生提供的20世纪30年代初老师的散文手稿三篇……她在天津讲学时，特请老师20世纪50年代的弟子王双启先生在天津图书馆手抄当年连载于《天津民国日报》的稼轩、东坡两种“词说”，使这两种“词说”得以与当年手抄的部分文稿与他处存留的部分手稿、抄稿互补互校而成完璧。……当遗集的框架大体构成之后，她立即奔走印刷、出版的大事。为了扩充遗稿的规模、丰富遗集的内容，她又想出了一个绝妙的路径：将珍存身边几十年的当年听老师讲课的八册笔记带回国内，亲手指导我作摘录、整理，辑为七万字的《驼庵诗话》。一部文集四十余万言，于1984年编订完成，它凝聚着嘉莹教授回报师恩的满怀深情，更凝聚着她传承中华文化的一片苦心与赤诚，因而文集即将交付出版时，我请她为文集作一篇序言。经过再三的增补与修改，她从温哥华给我寄来了手写的长达三万言的《纪念我的老师清河顾随羡季先生——谈

[1] 词稿是当年叶嘉莹先生在北平时，老师借给她阅读、由她的学生李绮慧抄录保存的。

羡季师对古典诗歌之教学与创作》，却坚持不肯作为序文置于老师文集之前，只允许作为"代跋"置于文集之末。面对嘉莹教授尊师的情愫，我只有"恭敬不如从命"了。1986年，《顾随文集》在上海古籍出版社正式出版，这是父亲谢世二十六年之后出版的第一种遗著。当我拿着这本文集送给父亲任教于燕京大学时的弟子周汝昌时，这位著名的红学大家手捧文集，坦率而真诚地感叹："这件事，除了她，谁也办不成！"这部书的出版，标志着大幕般遮着父亲顾随的屏障，已开始拉开了它的序幕，顾随的学术形象正开始走出隐藏他的迷雾。

文集之后，1992年，嘉莹教授在台湾桂冠图书出版公司为老师出版了《苦水作剧》与《顾羡季先生诗词讲记》两种遗作；她再次交给我一批当年的听课笔记，以这批笔记整理出的文稿作为主干内容的《顾随：诗文丛论》及其"增订版"，相继在1995年和1997年由天津人民出版社出版。随后，上海古籍出版社将"文集"中两种佛学著作抽出，定名《顾随说禅》作为"名家说——'上古'学术萃编"之一而出版。20世纪末，河北教育出版社在编订了十卷本的《迦陵文集》之后，立即着手为她的老师顾随编订全集。在此期间，父亲的忌辰、诞辰纪念会、纪念展览相继举行，其时嘉莹教授虽远在海外，都及时给大家发来信函与传真，她所珍藏的老师的信札、评改的作业、她的听课笔记是纪念展览中最具文献价值的展品。尤其值得揭出的是，嘉莹教授在南开大学设立中华古典文化研究所，同时，培养硕士、博士研究生，她以自己退休金之半数设立奖学金，更以老师晚年名号“驼庵”为奖学金命名，既以纪念自己的老师，更深蕴薪火相传的大义。

写到这里，一支小的“插曲”也不妨提一提：2005年南方的一个出版社既未经版权所有单位的同意，又未经我这个著作权人签署出版合同，竟自出版了父亲的一种著作，且大作宣传，据说发行量为数不少。如此做法确实有些不甚磊落，但此一节却标志着隐藏着顾随学术形象的大幕已是正式地拉开了。确实，此后遗作陆续出版，稿约也时或而至。

自1978年至今，三十一年历史中的巨大进展，叶嘉莹教授所作的独有贡献、所起的独特作用是有目共睹、有情共仰的。

叶嘉莹是顾随传法弟子，这是现在学界已有的共识。其实早在20世纪50年代初期，嘉莹女士初到台湾任教时，她把自己的两篇文章交给我父亲早年的好友、时任台湾大学教授的郑骞先生审阅时，由于对老友的熟知，郑先生一眼就看出“你所走的是顾羡季先生的路子”；称赞她：“你可以说是传了顾先生的衣钵，得其神髓了。”而若就我父亲自己来说，从现在所见到的材料，至晚在1946年叶嘉莹已毕业于辅仁而仍在从师受教的时候，父亲已有以叶嘉莹为传法弟子的意愿，且明确地写进给弟子的信函中，那精辟的话语值得在教育史、文化史上作为经典流传下来：

……不佞却并不希望足下能为苦水传法弟子而已。假使苦水有法可传，则截至今日，凡所有法，足下已尽得之。……不佞之望于足下者，在于不侒法外，别有开发，能自建树，成为南岳下之马祖；而不愿足下成为孔门之曾参也。

父亲一向反对人云亦云，随人脚跟。面对自己的学生，他时常引用禅宗的话头“见与师齐，减师半德；见过于师，方堪传授”予以激励——这已传为教坛佳话；而面对自己的传法弟子，他有更高、更具体的要求：“于不侒法外，别有开发，能自建树”，成为继承中更有 “开发”“建树”的“马祖”式的传人。叶嘉莹没有辜负老师的期望，她的学术成就，她的精诚品质，早已雄辩地证明，青出于蓝而胜于蓝，在老师法外，“别有开发，能自建树”，达到了从师、尊师的最高境界。弟子是“马祖”式的传人，已有弟子卓异的贡献为证；而老师何以具有“伯乐”般的眼光，父亲生前并没有明确地表达过。不过，我们今天却可以从老师当年给弟子的信札，从弟子当年诗词习作中显露出的才华与功底，从老师给弟子习作所下的精到评语，从弟子的习作而能引发老师“和作”的灵感等诸多细节之中，窥见其精神实质，大略触摸到其中的真谛。

嘉莹女士自1948年随丈夫的工作调动转赴台湾后不久，师生间就失掉了联系，但我们从她1994年所写的《怀旧忆往——悼念台大的几位师友》中间接得知，她在将赴台湾时，老师“在信中殷勤向我介绍了在台湾任教的他的几位友人，那就是当日在台湾大学任教的台静农先生、郑骞先生，还有一位李霁野先生。顾先生在信中还附下了几张介绍的名片，嘱我抵台后拜望他们。”这可以看作是老师对弟子所做的最后一次“护持”。我们在嘉莹教授所撰写的其他不少文章中，都可以看到弟子对老师的怀念，尤为感人而使人伤怀的是1992年她为《京华胜地什刹海》一书所写的《什刹海的怀思》中的一段：

抵台不久就接连遭遇了许多意外的忧患，那时我对古都的师友有着无限的怀念。所以经常做梦，总梦见我与同学一起要去拜望老师顾随先生。可是经过什刹海附近时，只见到处都长满了极高的芦苇，而我则总是迷失在芦苇中，怎样也无法走出去。然后就蓦然惊醒，留下满怀的悲哀和怅惘。

当我第一次读到这段文字时，触景伤怀，也禁不住流下感伤的泪水。

弟子南下赴台之后，老师对弟子的牵挂与系念是不言而自明的。但我们今天所能看到的材料，却只有两则：其一是1948年12月24日日记，“得叶嘉莹君自台湾左营来信，报告近况”，对弟子无奈的生活情况“不禁为之发造物忌才之叹”。“造物忌才之叹”，寥寥数字，包含了多少怅惋与浩叹！其二是1949年7月25日致弟子刘在昭（叶嘉莹挚友）的信：“嘉莹与之英遂不得消息，彼两人其亦长相见耶？”将同在台湾的爱徒与爱女并提，含蓄地传达了一个父辈人对子弟的无尽牵念。此后，由于时势的变迁，一切都不便于言述了。

弟子对老师的追思怀念，我们得以见诸叶氏后来的诸多文章，而此后老师对弟子的怀念牵挂，真成了一块无法填补的空缺。这给众多学人留下了无尽的怅憾；而怅憾最深的当然是父亲的传法弟子叶氏嘉莹。

谁能料想到，苍天有灵，就在2009年的夏日《顾随与叶嘉莹》一书编订完成，我草此跋文之前的一个多月，奇迹般地从周汝昌先生刚刚提供的父亲当年的信件中，发现了一首父亲的佚词——作于1957年2月的小令《踏莎行》。我们在本书第二十六页已经读到嘉莹女士1943年的一首词序为“用羡季师句，试勉学其作风，苦未能似”的《踏莎行》，其词序所言“用羡季师句”是有其“本事”的，这见于叶嘉莹教授在1995年为《顾随：诗文丛论》所写的序言：

我当日习作的风格，也曾受有先生之影响。记得先生有一次在课堂上曾举引雪莱（Shelley）之《西风颂》（*Ode to the Westwind*）中的“假如冬天来了，春天还会远吗”（If winter comes, can spring be far behind）的诗意，以中文写了“耐他风雪耐他寒，纵寒已是春寒了”两句词。于是我就用这两句凑成了一阕《踏莎行》……

父亲当年在课堂时可能是一时诗思灵动咏出了两句词，而被弟子引用来“学其作风”成为一首完整的词作。而今，品读新发现的父亲这一首已亡佚六十余年的小词，发现词前之“序文”遥遥照应着叶嘉莹所述当年的那段“本事”；师弟子二人相隔十余年的两首词，用的是同一个词牌《踏莎行》；师弟子二人同样把当年课堂上的“断句”置于词作之“歇拍”；老师词作上片之结拍与弟子的词作上片用的是同一个韵字，词中所用意象师生二人也颇有相近似者——这竟是一首老师对弟子十四年前“用羡季师句”足成之作，所谱的一阕无法来明言“和作”的跨越时空的唱和！此中所深蕴的不尽的情意，难以言传，却品之弥深、味之弥永。而我现在草成此拙文时，远在加拿大的嘉莹教授尚不知老师曾有这么一首意味深长的唱和之作，呼应着自己那首学苦水词的习作。就以父亲这首《踏莎行》作为本文的结尾，以远慰大洋彼岸的传法弟子叶嘉莹。词曰：

踏莎行

今春沽上风雪间作，寒甚。今冬忆得十余年前
困居北京时曾有断句，兹足成之，歇拍两句是也

昔日填词，时常叹老。如今看去真堪笑。江山别换主人公，自然白发成年少。　　柳柳梅梅，花花草草。眼前几日风光好。耐他风雪耐他寒，纵寒也是春寒了。

己丑年大暑后二日心绪翻涌中草成